巨龙与洋人

〔瑞典〕安特生　著

麻保金　杨柳青　译

文物出版社

图书在版编目（CIP）数据

巨龙与洋人／（瑞典）安特生著；麻保金，杨柳青译．—北京：文物出版社，2021.10

（仰韶文化发现暨中国现代考古学诞生100周年纪念丛书）

ISBN 978-7-5010-7133-3

Ⅰ．巨…　Ⅱ．①安…②麻…③杨…　Ⅲ．①考古学-中国-文集　Ⅳ．①K870.4-53

中国版本图书馆CIP数据核字（2021）第144286号

巨龙与洋人

著　　者：〔瑞典〕安特生
译　　者：麻保金　杨柳青

责任编辑：李　睿
封面设计：王文娴
责任印制：张　丽

出版发行：文物出版社
社　　址：北京市东城区东直门内北小街2号楼
邮　　编：100007
网　　址：http://www.wenwu.com
经　　销：新华书店
印　　刷：宝蕾元仁浩（天津）印刷有限公司
开　　本：787mm×1092mm　1/16
印　　张：10
版　　次：2021年10月第1版
印　　次：2021年10月第1次印刷
书　　号：ISBN 978-7-5010-7133-3
定　　价：200.00元

仰韶文化发现暨中国现代考古学诞生
100 周年纪念丛书编委会

顾　问：陈星灿

主　任：刘南昌　范付中

副主任：牛兰英　庆志英　杨跃民

委　员：任战洲　毋慧芳　谢喜来　钱　程　宁会振
　　　　刘军伟　石线伟　姚振波　黄世民

丛书编辑人员

主　编：陈星灿

副主编：侯建星

编　辑：贺晓鹏　陈　莉　杨拴朝

编　务：张　洁　马彩霞　姚晓燕

序言

中国现代考古学为何从 1921 年的仰韶村发掘算起

近代意义上的田野考古学从 19 世纪后半期即在中国开始。到 20 世纪初叶，西方列强的探险队在中国的西、北部边疆，日本人在中国的辽东半岛、华北和台湾等地开展了包括考古学、民族学在内的广泛而深入的考察活动。这是外国人的工作。1918—1919 年，河北巨鹿故城发掘，1923 年河南新郑铜器群的发现，揭开了中国人自己考古发掘的序幕。同在 1921 年，还在仰韶村发掘之前，安特生在当时的奉天（今辽宁）锦西沙锅屯发掘了一个史前洞穴——沙锅屯遗址，随后很快发表了发掘报告①，但为什么考古学界会把 1921 年仰韶村的发掘作为中国现代考古学的开始之年呢？

仰韶村遗址，虽是瑞典人安特生（J. G. Andersson，1874—1960）发现并主持发掘的，但这是农商部地质调查所田野工作的组成部分②。安特生是北洋农商部矿政司高薪聘请的顾问，他的主要工作本来是帮助中国政府寻找煤矿和铁矿。1914~1916 年，他在新成立的地质研究所担任教学工作。地质调查所成立后，他又长期在新生代研究室工作，对于我国北方地区的新生代地质研究贡献卓著。到了 1920 年，安特生的兴趣逐渐发生了转移，根据他在华北等地采集的磨制石器，他不仅发表了论文《中国新石器类型的石器》③，还派中国助手刘长山到河南渑池仰韶村寻找更多的石器标本。刘长山从仰韶村带回来 600 多件磨制石器，这才有了安特生次年 4 月的第二次仰韶之行（1918 年 12 月 8 日，为采集古脊椎动物化石安特生曾经到过仰韶村）。

① 安特生著、袁复礼译：《奉天锦西沙锅屯遗址洞穴层》，中国古生物志丁种第一号，1923 年。
② 地质调查所成立于 1913 年，1916 年开始工作，成立时属工商部。1914 年，工商部和农林部合并为农商部，地质调查所改属农商部。1928 年改属农矿部，1930 年改属实业部。抗战时期实业部改为经济部，地质调查所遂改属经济部。当时河南、湖南、两广等省，分别成立省地质调查所，为了与省地质调查所相区别，1941 年正式定名为中央地质调查所。1950 年中共中央决定成立中国地质调查工作计划指导委员会，统一指导全国的地质工作。全国地质机构开始施行大调整，地质调查所正式宣布撤销，完成了它的历史任务。参见程裕淇、陈梦熊主编：《前地质调查所（1916—1950）的历史回顾——历史评述与主要贡献》，地质出版社，1996 年，第 1~25 页。
③ J. G. Andersson, Stone implements of Neolithic type in China, Reprinted from *the Anatomical Supplement to the China Medical Journal*, July, 1920.

在村南冲沟的断面上，发现了厚厚的灰土层，发现了彩陶片和石器的共存关系。这是仰韶遗址发现之始①。

1921年秋天，在征得农商部以及地质调查所的同意后，又同河南省政府以及渑池县政府取得联系并得到他们的支持，安特生和他在地质调查所的同事袁复礼以及安特生的数名中国助手，前往渑池开始了对仰韶遗址的第一次科学发掘。

如所周知，这次发掘，取得了惊人的成绩，不仅发现了仰韶文化——"中华远古之文化"，使中国无石器时代的理论不攻自破，而且也为寻找中国史前文化和西方史前文化之间可能的联系开辟了广阔的前景。安特生通过跟中亚的安诺（Anau，又译"亚诺"）和特里波列（Tripolje，又译"脱里波留"）文化出土彩陶的对比，提出仰韶文化西来的假说。虽然此前在中国华北、西北、东北和西南等地零星发现过不少磨制石器，但仰韶村的发掘，因为发现跟中国历史时期文化的密切联系，被称为中国的"第一个史前村庄"，及与西方史前文化可能的联系，还是给中国和国际学术界带来前所未有的震撼②。仰韶村的发掘者是安特生，但这个重要的考古发现，实在是20世纪初叶中国科学界的一项重要成就。

在1923年安特生所著仰韶村考古发掘简报《中华远古之文化》发表之前，袁复礼发表了简讯③（Notice），这也是目前所知仰韶村发掘和仰韶文化发现的第一次公开报道——就肯定这次发现是地质调查所的。袁复礼是这样说的："这个发现是因为1921年4月，中国政府矿政顾问安特生博士（J. G. Anderson）在河南旅行，经过渑池地方首次发现的。后来在10月得了政府允许，方才去到那里掘挖。"④ 又说："按说这次发现的事，是从地质调查所方面办的。所以这篇先期的报告，虽有新闻性质，论科学家的发现规律（Credit of Discovery and Priority），也应让《地质汇报》方面先登。不过地质调查所丁文江、翁文灏两所长，对于从地质方面去研究文化史，

---

① 陈星灿：《中国史前考古学史研究（1895—1949）》，生活·读书·新知三联书店，1997年，第87~94页；J. G. Andersson, *Children of the Yellow Earth*, The MIT Press, Cambridge, Massachusetts, 1973, pp. 163-187；J. G. Andersson, Researcher into the Prehistory of the Chinese. *The Museum of Far Eastern Antiquities*, No. 15, pp. 9-12.

② 安特生著、袁复礼节译：《中华远古之文化》，《地质汇报》第五号，农商部地质调查所印行，1923年；J. G. Andersson, *Children of the Yellow Earth*, The MIT Press, Cambridge, Massachusetts, 1973, pp. 163-187.

③ 袁复礼：《记新发现的石器时代的文化》，《国立北京大学国学季刊》第一卷第一号，1923年1月，第188~191页。胡适在此文的编者按语中说，他本来是邀请安特生撰文的，但是因为安特生要为"地质汇报和中国古生物学撰文，故推荐了他的朋友袁复礼先生"。而袁复礼因为又要去河南参加发掘，"行期很逼近，不能作文"，所以只好请他"先替我们做一篇简短的记事（Notice）"。所以这篇短文，只能算是一个"简讯"（Notice）。

④ 同上引文第190页。袁复礼把安特生的名字Andersson错写为Anderson。这个错误胡适也犯过。见陈星灿、马思中：《胡适与安特生——兼论胡适对20世纪前半中国考古学的看法》，《考古》2005年第1期，后收入陈星灿：《20世纪中国考古学史论丛》，文物出版社，第146~163页。

极为赞成。安特生博士亦将他所有的底稿给我读过。所以他们三人允许我将这事在这里先简略发表，作一个介绍的文。将来安特生博士的大作出来，那个历史以前的文化方能有详细的论说。"① 这是当事人的看法，也是实情：仰韶的发现权虽然是安特生的，但也是中国政府的研究机构"地质调查所"的，一篇短文发表须得到两位中国地质调查所所长丁文江、翁文灏和发掘者安特生本人的许可，也充分说明了这一点②。

不仅因为仰韶村的发掘是地质调查所的一项重要工作，也是因为这项发现太重要了，它涉及了中国文化的起源问题，所以才能得到国际学术界和中国社会各界的高度关注。从袁复礼披露的情况看，安特生即将在地质调查所主编的《考古汇报》第五号上发表的《中华远古之文化》（An Early Chinese Culture），本来的名字是"在中国的一个古文化"（An Early Culture in China）"③，两个题目看起来差别不大，实际上则有很大不同。因为正式发表的简报更加强调仰韶村发现的是"中国人的早期文化"或者"中国的早期文化"，而不是"在中国的一种古文化"。

要之，其一，仰韶遗址和仰韶文化是中国地质调查所的一项重要发现；其二，这个重要发现第一次从考古学上证实了"中国石器时代文化"或"中国史前文化"的存在，触及了中国文化起源这一重大学术问题，所以即便是 20 世纪 50 年代把安特生的一系列考古发现和发掘列为"近代外国人在中国的工作"一部分的时候，中国考古学界也没有否认安特生的工作是地质调查所工作的一部分④。也就是说仰韶村的发掘和仰韶文化的发现是中国自己的科学研究机构的工作。仰韶村的发掘，标志着近代意义上的中国科学考古学的开始。这也是 2021 年我们纪念仰韶文化发现

---

① 同上引袁复礼文，第 190~191 页。

② 我在上引拙文中，根据胡适日记，推断袁复礼此文没有发表过，因为 1922 年 4 月 18 日的胡适日记里这样说："校袁复礼的《记新发现的石器时代的文化》。已付抄了，他从开封来一信，要我缓发此文。"我推测袁复礼提此要求，可能跟安特生有关，推论"缓发此文的要求也许就是安特生提出的"（参见上引书第 150~151 页）。我现在仍旧这么推测，但此文最后还是发表在了胡适任编辑委员会主任的《国立北京大学国学季刊》第一卷第一号上。为什么发表此文，估计跟丁文江、翁文灏的同意有关，也可能因为安特生自己的考古发掘简报《中华远古之文化》同年即发表在地质调查所编辑的《地质汇报》上，两者几乎可以说同时发表。看胡适日记，安特生 1922 年 3 月 27 日在协和医院讲《石器时代的中国文化》，一周后的 4 月 1 日，胡适参观安特生在仰韶村发掘的出土物。第二次见面，胡适即邀请安特生为《国立北京大学国学季刊》撰文记此事的原委，安特生推荐"最好是请袁复礼君做"，这就是袁复礼此文的由来。

③ 同上引袁复礼文，第 190 页。

④ 徐苹芳：《考古学简史》，原载中国科学院考古研究所编《考古学基础》，科学出版社，1958 年，后编入《徐苹芳文集》。文中说："1914 年地质调查所成立后，对中国的石器时代考古影响很大，先后发现了仰韶文化、沙锅屯遗址、甘肃青海的彩陶文化等，他们采用地质学上的科学工作方法，在这样的基础上，才有李济等的西阴村发掘，才有 1927~1930 年周口店旧石器时代的发掘，其主持者为裴文中等。"引自徐苹芳著：《考古剩语》，上海古籍出版社，2019 年，第 179 页。

100 周年暨中国现代考古学诞生 100 周年的原因所在。

　　为了纪念仰韶文化发现暨中国现代考古学诞生 100 周年，我们编辑了这套丛书：有安特生的《河南史前遗址》《巨龙与洋人》《中国北部之新生界》都是第一次翻译成中文；有瑞典当代学者扬·鲁姆嘉德（中文名杨远）撰写的《从极地到中国——瑞典考古学家安特生传》，是安特生唯一的传记，也是第一次译成中文出版；还有中美两国学者研究仰韶文化酿酒的著作《仰韶文化与酒》，中国学者撰写的《仰韶之美——仰韶文化彩陶研究》《圣地百年——仰韶村遗址发现百年纪事》《渑池县文物志》，内容相当丰富，也相当杂驳，但都围绕着仰韶和仰韶文化的发现和研究。

　　总结过去，是为了将来中国学术的创造性发展。我们相信这一天终将到来。是所望焉。谨序。

陈星灿

2021 年 8 月于北京

瑞典出版商请我讲述在中国服务的十一年中的印象和想法，我感觉到这是一个机会，借此向我生活过的第二故乡的伟大而高尚的人民表示感谢。

　　中国目前正经历一场非常严重的内部危机，但是在报纸上出现的主要是一些革命、国内冲突、掠夺和政治阴谋等外部喧嚣。

　　在北京的那些年，我有幸生活在一个科学和文学领袖的圈子里，他们接受过现代学术训练。因此，我认识了另一个中国，它具有新的精神力量，渴望接受西方文明中一切有价值的东西，同时又自豪地意识到自己文化遗产的宝贵价值和生命活力。

　　在此，我也有机会反思外国人在东方的所作所为。如果在这方面我发表了一些尖锐的评论，那只是因为我对我们白种人所取得的成就感到自豪，因此不能忽视任何可能危及我们声誉的事情出现。

　　因而，这本书的主要目的是，一方面讲述中国气质和文化特性，另一方面概括中国在适应西方机械工业生活方面的艰巨任务。

　　当然，我无法对这个微妙而复杂问题的所有方面进行讨论。我主要描述自己所见所闻。为了保持印象的新鲜感，有几个章节中给出了日期，保留了一些速写于1915 年和1916 年的草稿原貌。

　　本书于1926 年在瑞典首次出版时，中国仍在相当程度上处于帝国主义列强统治下。自那时起，局势发生了极大的变化。中国的事态发展如此迅速，而且影响如此深远，因此有必要提及南北内战后来的发展，这场战争正在动摇帝国的根基。为此，在这个美国版本中，我写入了两个全新的章节，讲述了中国革命和反对外国侵略的最新故事。但是斗争的结局如何，即使现在也无法清楚地预见。

　　在本书中，我的科学研究只是粗浅提及。

　　我的妻子协助修改了手稿。特别感谢我的秘书英格丽德·斯塔克（Ingrid starck）小姐，她给我提出许多宝贵的建议。我同样感谢艾·埃森（I. Essen）夫人，对手稿最后的细节修订提供了有效帮助。

J. G. 安特生

1928 年8 月1 日，斯德哥尔摩

作者简介

约翰·古纳·安特生，1874 年出生于瑞典的奥尔伯罗市的谢斯小城（Kinsta）。1902 年获得乌普萨拉大学的博士学位，作为斯德哥尔摩大学自然历史与地质学的教授，他在那里从教一段时间。他为自己的国家瑞典和他的"第二故乡"中国的地质研究提供了十分有价值的服务。

作为地质学家，安特生博士在 1898 年参加了纳特霍斯特的北极探险，他本人也在 1899 年进行了类似的探险，1901—1904 年参加了诺顿斯约德（Nordenskjold）博士率领的南极考察团。他是瑞典农业科学院的成员，1906 年被任命为国家地质学家，1909 年担任瑞典地质调查所所长。

1914 年，安特生博士作为中国政府的矿政顾问到中国开展地质研究。从 1915 年到 1925 年，他与时任局长的丁文江博士共事，后来成为中国地质研究所所长，在组建中国最重要的科研机构方面，他是大上海的总领。他带着真诚的感激之情融入到中国的生活和文化，他成为中国一个高级官员，借此表示他与东道主在智力上的亲密关系。

瑞典王储古斯塔夫·阿道夫（Gustaf Adolf）和王妃路易丝（Louise）环游世界时，安特生博士作为他们调查中国文物的特别向导。在王储担任主席的瑞典中国委员会的资助下，他被授权在中国逗留期间收集中国文物。他收集的中国珍品现在被收藏在瑞典国家博物馆、古生物学博物馆和东方博物馆中，后者是一个专门为此目的而建立的新机构。

目录

第 1 章
中央王国

人类文化像一种娇嫩的植物。它仅在少数地方开花,那里有受庇护的环境、肥沃的土壤、优越的气候条件和良好的民族气质。人类文化在共同作用中成长。

在大陆边缘——那些难以到达的地区,在极地结冰的荒原中,在热带雨林、草原和沙漠、荒芜的山脉和分散的岛链中,可以肯定地说,人类有其前哨阵地。然而,总的来说,生存斗争如此艰难,以至于几乎吸引了他们所有的注意力。除了提供食物和所需的照料和劳动之外,在与"野蛮人"、敌对部落和邪恶势力进行斗争之后,没有多少精力可以用来思考生命的奥秘或系统地观察自然。

最原始的民族中涌现出大量歌与诗。造型艺术发展于陶瓷和纺织品上,服装和武器的装饰通常也发展于雕塑。

但是,高度发达的书写文字的发明,一个组织紧凑的国家的演变,对哲学和天文学的研究,艺术家和学者作为独立职业的专业化。这些高度文明发展带来的一些形式,只有在特别有利的条件下才能实现。

在金属时代之初,人类第一次将自己提升了文化高度。在铜器时代,我们发现了早期文明的开端,这种文明在青铜器时代得到了充分的发展。

从地理的角度来说,首次文明的图景很容易理解:它们都出现在肥沃的、适于耕种的三角洲和大河谷地。尼罗河下游及幼发拉底河和底格里斯河的冲积平原孕育了两种丰富的早期文化,这两种文化的特点在于它们都完全依赖于流域的集约农业。第三种文化在印度河流域的冲积平原与我们相遇。

中国古代文化区的地理边界十分奇特,这需要进一步的阐释。

第四个在青铜时代取得高度发达文化的地区,位于东亚遥远的一片孤立的绿洲之中,四面被"野蛮人"所包围。

除了靠近南海岸的河流外,中国本土还有两处面积巨大的河流区域。这两个区域都有广阔的三角洲,它们相互重叠,形成了中国东部广阔的海岸平原。在这些河流中更靠北的地方是黄河,淤泥极其丰富(这种状况在它的名字"黄河"中得到体现)。黄河大部分河道的河水很浅,只有平底船和木筏才可以通行。靠南的大河叫扬子江(长江),它可以从海上航行到四川山区。

虽然黄河中游疏松的土质提供了肥沃的土壤,但是由于气候原因,中国北方的农民每年只能收获一次农作物，或在最有利的条件下，可收获两次农作物。黄河冲积平原经常遭受这种或那种极端情况的威胁：夏天，洪涝或旱灾，会毁坏收成，造成饥荒。黄河三角洲地区是沙质土壤，十分贫瘠。海岸荒凉，难以生存。

长江流经气候迥异的省份，那里降雨量丰富，降雨分布均匀。由于地理位置偏南，集约化农业条件很好。现在的长江三角洲是一个盛开的花园，在较长的种植期内，一年里可以有几次收获。

因此，从地理和气候条件来看，长江流域应该比黄河流域更适合滋养早期文明。然而，在两千年里，中国文化的发展则发生在黄河侧畔及其支流渭河和汾河周围的独立高原上；而在中国历史上，长江流域文化只是在我们这个时代之前的几个世纪才开始出现。

从地理位置上看，很难推断出中国偏北地区的优越性。从气候条件的视角，也不能推断出地理条件较差的河谷的优越性。另一个迄今为止，十分模糊但最耐人寻味的视角为研究提供了帮助。

我们对中国原始历史的考察表明，中国文化在最初的发展阶段就与更进步的其他东方国家有着密切的联系，强大的文化浪潮正在席卷中亚。这些文化交流的方向是什么？主要参与者是西方还是东方？这些问题目前还不能做出肯定的回答。但根据目前的调查，埃及和美索不达米亚的文化有可能传播到了东亚。

正是黄河及其支流首先从西方接收并播下了这些更高文明的种子。这并非偶然，我们可以用地形条件加以充分解释。

在北部的西伯利亚原始森林和南部的青藏高原之间，有一条由草原和沙漠组成的地带，从里海延伸到太平洋。这是东亚和西亚之间最方便进行陆路交流的商业路线。沿着这条通往远东的大道，一种更先进的东方文化向远东拓展，首先在黄河流域汇合，那里大量连续的可耕地资源足以成为文明移植的基础。

对史前时代的发掘证明，西方对中国早期的文明也有同样的影响。关于周朝（公元前 1122—公元 225 年）的史册中多处记载着来自西方的酋长和部落的故事。毕安祺（Bishop）认为秦朝受到西方的多面影响。汉代，随着中央集权的扩大，通过中亚的"丝绸之路"进行了活跃的商品交换。

从这些历史和考古事实来看，我们有理由认为：早期历史时期中国与西方就有文化联系，黄河流域文明比之长江流域文明早了两千年。

更有可能的是，伴随着文化脉动而来的是种族的增加。我们也许可以这样表述：黄河流域的原始蒙古人，是中国人种的原始来源，他们经常与来自中亚或更远的西部地区的人通婚。

直到最近几年，考古学才揭示出这些遥远而困难的问题。随着研究的进展，很可能会有更大的惊喜等待着我们。中国北方可能是一个比我们现在所能想象的更早、更原始的文明中心。无论什么情况，我们都肯定地知道，中国文化的摇篮就在黄河及其支流渭河和汾河流域。在基督诞生之前的一千和两千年里，中华文明在语言、文字、艺术和治国之道上蓬勃发展，为后来成为中央王国奠定了传统基础。

中国古代历史上的上古时期，长江流域及更南边地区是被称为南方"野蛮人"的聚居地，后来逐渐被中央王国所征服。

在汉代（前206—221年）第一次成为大国时。长江以南的地区在很大程度上被中国统治。但是，其后很久，强大的篡政者、汉人和少数原始居民之间的冲突仍在继续。原始居民是指藏民、马来人、波利尼西亚黑人，可能还有其他种族人的混杂群体。尽管当地部落的族群，如洛洛斯人（彝族）、苗族人、掸邦人等，很勇敢、热爱自由，但最终汉人自然是胜利者，中国南方的原始居民被迫离开，组成孤立的群体，躲进了几乎无法进入的山区。

由于南方和西南方有不同的原始居民，西边有藏民，北方有"野蛮"的蒙古部落，中国文化界觉得自己是一个中央王国，是教育、艺术和行政的中心，它把知识和艺术传授给周围的"野蛮人"，但作为回报，中国文化需要一定程度的政治服从。在这方面，应该记住，作为一个文化之乡，日本也很年轻，她从中国获得了更高发展的第一动力，尤其是在唐朝时期，东北的朝鲜和西南的安南也完全变得汉化，而且日本在很长时间内都受到中国的影响。中央王朝与北方边疆草原蒙古族人的接触主要是冲突，通常是游牧民族成功地闯入诱人富饶的农业土地。汉人经常失败但始终坚持不懈地努力，充分防御这些可怕的入侵，努力保护他们的土地。

近东和地中海东部周围的古代文明，在冲突与和平贸易中彼此保持着密切的联系。而几千年来，中国坚持走自己的路，发展了自己个性。当然，这里也有商品和思想的交流，比如佛教在中国宗教生活和艺术上留下了深刻的烙印，再如中国经由中亚的"丝绸之路"将轻薄而透明的丝织品输往罗马，反过来又接受罗马的玻璃和古罗马艺术的影响。但东西方之间的这种文化交流从未达到东地中海地区精神和物质能量所能交互传递的程度。（在那里，不同文明的民族互相融合，互相征服，相互继承。）

相对隔离的中国因此产生了一个主流观念：中国是一个文明的民族，一个高于所有"野蛮"民族的王国。正是这个观念使中国人坚守自信。记住这一事实很重要，因为只有知道这一点，才能理解中国政治家为什么在上个世纪后半叶与恐怖的力量接触中深感困惑和焦虑。这种恐怖的力量就是欧洲人不可战胜的机械文明（我后来称之为"白祸"）。

让我们看看区分这种相对排外的中国文化的基本特征是什么。

首先，让我们谈一谈中国人生活的物质基础。我们注意到，他们主要是非常勤劳的农民，对土地精耕细作，所以给我们留下的印象是他们更像一个园丁。

这种对土地的密切关注，这种对收成增长的时时用心，几乎让他们一天到晚都不得空闲。这无疑培养了中国人特有的防御性和对和平的本能爱好。长城从山海关沿中蒙边界一直延伸到甘肃的沙漠。它的精神对等物是中国人非凡的消极抵抗力，这种属性一直是中国外交的最大力量。

作为中华民族精神的另一个特征，我希望大家注意他对学习和艺术的热爱和崇敬。

在这方面具有重要意义的情况是科举考试，它是对各级官吏的唯一考试形式。直到 1905 年废除之前，这种考试在中国盛行了两千年。人们对文字的崇敬表现在敬惜字纸：在露天的城市广场上建造火炉，焚烧废纸，以使文字有一个光荣的毁灭。每个家庭的墙壁上都装饰着长幅漂亮的书法作品，通常裱糊在丝绸上。

古代的艺术作品深受崇拜，程度极高，以至于在过去的一些时期，皇帝会通过汉字庄严地记录一些特别受尊敬的青铜器皿的发现，来改变对他所在地区的描述。在后面的一个章节中，我给出例子，说明中国人是如何用无数的美丽的寺庙来装饰他们的国家的。

高本汉（karlgren）教授在他的杰出著作《19 世纪的东亚》中认为，汉字的主要特征是善良的社会本能，他引用孔子的五条基本原则（五伦），作为个人生活的准则：臣民忠诚、儿子孝顺、妻子服从、青年崇敬、朋友诚信。

对此，我们可以有把握地补充一点，中国人在机智和礼貌上是所有民族中无可比拟的，绅士风度不是一种空洞的形式，而是一种高尚的民族特征，即使是在社会最底层也能观察到这一点。

中国公共结构的一个优点是，在省内、县内和村内有广泛的地方自治能力。正是由于这种能力，中国才相对容易地度过了内战，保持了国家统一。

最后，我想把中国不受时间限制的能力，作为中国文化的一个显著特征。

所有早期文化的倡导者，克里特宫的统治者、埃及金字塔的建造者、楔形文字的创始者，都早已逝去。唯有中国人坚持孤独的伟大，他们是其祖先在青铜时代创立的作品、哲学和艺术的直接继承者。

许多在东方的外国人说，中国人缺乏进取精神（这种精神使我们成为爆炸引擎，并以疯狂的速度推动着我们的文化演进）。但是，这些外国人中很少有人认为中国人有一种不同的闲适精神，这种精神使他们去培育牡丹，养育金鱼，或在树荫下冥想。而我们则在追求装饰，或者为了发现一个微小的"科学真理"而追逐名利。

　　会不会在千年之后，有那么一天，远东的考古学家带着那份沉稳的安逸，在欧洲的废墟中挖掘，以便用一块锈铁或一点水泥来确定哪里是伦敦、巴黎和柏林等古老城市的遗址？会不会那时汉人子孙们仍然在耕种小麦，向他们的祖先献祭，正如黄河也依旧携带泥浪翻滚奔流大海？

第 1 章

中央王国

第 2 章
北方和南方

二月的一天，我乘火车从北京到天津。当天刮着一场猛烈的沙尘暴，沙尘不是来自北京的街道和周围的田野的肮脏黑色灰尘，而是来自戈壁沙漠中干净漂亮的黄白色沙尘。尘粒掠过京城，散落各处，人们可以在田地中把它扫成小堆。天空灰暗，一层薄雾遮盖了太阳，偶尔透出一缕金色的阳光。只有海洋般的沙尘变稀薄的间隙，才能看见北京平原周围群山迷离的剪影。

严寒的冬天大地冰封，到处光秃秃的，河水也结了冰。田野里依稀可见穿着厚厚棉衣的行人。严寒中，一辆由骡子牵拉的北京马车辗压在崎岖的冰路上嘎吱作响，驶向村庄。那里，飘落的树叶掩映着低矮的房屋。

那是一片荒凉、昏睡、严寒的冬天景象。

"蓝色快车"经过天津郊区布满中国墓穴的阴郁的原野，把我带到山东首府济南，再向南到达浦口，这个位于长江边的铁路终点站。

我们经过济南时已是傍晚。第二天早上醒来已是在山东、江苏、安徽交界的一个小丘陵地带。一片新的风景映入眼帘，春天的气息笼罩在绿色的田野上。淮河没有结冰，河面上帆船点点。山脚下片片竹林，稻田里的水牛，证明这里有不同的气候和农业。在从南京到上海的途中，我们看到了布满花蕾的果树，花蕾含苞待放。在精耕细作的花园般的田地里，耕作工作如火如荼，他们在收割早茬的青菜。整个三角洲农村都被河网覆盖，即使是最小的地块也有充足的灌溉水源。

冬春期间，从十二月到次年五月，我在长江最下游的江苏、安徽和湖北的一些地方漫游。

习惯于中国北方秋、冬、春极端干燥气候的人，首先感到吃惊的是长江流域持续不断的降雨。三月里，皖南一直下着毛毛雨，最后我也习惯了在细雨薄雾中工作。

这个地方的乡间多山。你若在潮湿的山谷边游荡，就会领略到中国画上的独特景观类型。中国画中的山峰，通常是锥形直播云霄，这当然是夸张的。但在这些地方，我们实际上看到了令人惊讶的相似山形。尤其是当薄雾飘过山谷，被彩虹追逐时，人们感到自己走进了一个变幻而扭曲的梦想世界。这正是中国山水画家冥想和浪漫的意境。

值得注意的是，华北地区树木稀疏，光照充足。除了一些官舍、猎场和战场遗物外，几乎没有什么景观艺术。而长江流域、浙江和华南的丘陵地带却不同，山谷的稻田，山坡上的竹林，云雾笼罩的山顶，这些都是中国画家创作的灵感来源。有趣的是，中国画发展鼎盛时期的宋代，当时北方由"野蛮人"控制着，而中国文化的中心就转移到了长江流域。

竹子是中国艺术家特别喜爱的创作素材。这份爱，从我站在一座山上俯瞰长江流域的那一天起，我就彻底明白了。那时，我看到了一片竹林，它在雾中时隐时现。狂风吹来时，优雅的竹子轻盈摇曳。它们让我想起了中国画家为什么喜欢在他们的画中把竹子与纤柔的女子、水牛和神奇的老圣人相融相伴。

1920 年四月和五月的头几天，我在汉口下游长江南岸工作。这里有一片热带气候风景。石灰岩的山坡上长有棕榈树，初夏生长茂盛。尤其令我记忆深刻的是整个山坡上覆盖着各色各样的杜鹃花。在山上的竹林里，我们为朗伯格（Lönnberg）教授捕捉到了一对豪猪和一只穿山甲以供研究。他考虑得很周到，把动物养在笼子里，以哺育幼崽。

完成铁矿场的绘图工作后，我们乘一条小帆船沿河开始返航，这条小河汇入长江。途中，我们经过了一片地势低洼的冲积带，那里大部分形成了天然草甸。五月初，人们拿着长柄镰刀收割青草。当我们在寂静的夜晚沿着低矮的河岸缓慢行进时，看到割草的人正在忙碌。鲜绿的草地，新割干草的芳香，以及在潮湿的微风中轻柔地飘起的炊烟，唤起了我儿时对家乡纳克的沼泽草场的回忆。但那里的整个景观与中国北方异常干燥的春天完全不同。

如果我们转向中国西部，向北走一段假想的路程，我们就会发现南北之间的反差会更加强烈。在这里，绵延的秦岭山脉形成了干旱的北方和多雨的南方之间的一道屏障。

甘肃和陕西两省代表了北方的景观的极端形态，那里的高原有最近侵蚀的山谷贯穿。高原的土壤主要是黄壤土，那是一种细腻的沙质黄土。厚度为 50 至 100 米的沙土覆盖住岩石，只有在山谷和单独的隆起处才能看到岩石。

这里一年中大部分时间里气候都十分干燥。从九月到次年六月，降雨量小得微不足道。可以说中国北方有九个月是在沙尘暴中度过的。沙尘暴是经常发生的一种气候现象。

这里的乡间此时几乎没有树木，但是有某些受保护的森林，例如北京东北偏东的东陵，似乎表明早期曾有连片的森林被土著人砍伐，其中大部分可能发生在有史记载时期的。

农业以引水灌溉为基础，但在高原上则以"旱作"的形式进行。

中国北方最好的粮食作物是小麦，即使在沙地上也可以种植小麦。此外，还种

华北黄壤土地区的典型建筑结构，在黄壤土堆积中开凿的窑洞

植大豆和其他豆类。

在最北端的内蒙古边界，我们发现了一些适应较低温度的谷物：高粱、玉米、谷子、大麦和燕麦。

往南走，我们见到了棉花和桑树，桑树为养蚕提供饲料。

花生和红薯分布广泛。罂粟分布也广，它可以在海拔两千米的地方种植。

和其他许多地方一样，北京和张家口之间的山区也种植葡萄。中国的梨、杏、桃子、柿子，还有甘肃的甜瓜，这些都是中国北方的优质水果。

秦岭是南北分界线：北面是甘肃、陕北和河南，南面是四川和湖北。在秦岭山脉的北侧，开始显现出一种新的南方的气候，那就是适宜竹子生长的气候。在山脉的南侧，则是一个完全不同的世界。那里山多林密，一年的大部分时间里都有丰富的降雨。

平原上的水稻和坡地上的茶叶是这个地区的主要作物。最南端种植甘蔗和许多其他亚热带植物。

北方主要是陆路交通。即使是最大的河流黄河，也只适宜用木筏和平底小船在短时间内通行。乡村道路主要是车轮碾压的小路，这是有铁路以前唯一的交通命脉。骆驼、牛、马、驴和骡子等牲畜，在路上成群结队地运输着。

家畜在南方罕见，而水牛是主要的耕畜。各种商品都是靠人工从河边搬运到家。所有较长距离的运输都是靠船进行的。南方河网遍布，例如，除了很短的一段横贯的山脉外，可以乘船从中国的南海岸经过福建、江西到达长江流域。

干旱的北方和水源充足的南方之间形成强烈的对比，也显示了北方和南方人民的差异。北方人高大但暮气沉沉，他们的血管中流淌着一定数量的蒙古族裔的血液，这些血液来自沙漠游牧民族的多次入侵。南方人小巧机警但微妙难测，他们也有外来血统的混合，这是一种与北方不同的混血，来自于在中国南方一些交通不便的地区，仍然孤立生存的原始居民、汉人到达南方前的血统。这些以多种名字出现的许多民族，如苗族、掸族、彝族等，属于孟—高棉、掸—缅和藏—缅人群体。

在古代，北方人骑马和驭车，南方人则驾驭龙舟（注：现在仍然举行龙舟盛赛），南方人和北方人之间的对比，过去是，现在似乎仍然是中国历史上的一个主要题材。

对中国统一来说，真正的威胁是被反复强调的南北分裂的帝国计划。然而，铁路将逐渐使南北紧密地结合在一起。

此外，每当外国势力占领中国领土的任何一个地方时，从广州到张家口，从成都到上海，都会有一股怨恨的浪潮。无论是北方人还是南方人，他们都是中华儿女。

第 3 章
中国农民

　　美国威斯康星大学农学教授、美国农业部土壤处理局局长金博士（F. H. King），经过在日本、韩国和中国的几个月研究，于 1911 年写了一个薄卷《四千年的农民》。任何对远东集约农业感兴趣的人来说，这都是一项引人入胜的研究。金博士的书正是以严谨的精神写成的，反映了对这个话题的惊奇和热爱。对他这种最实际的记述方式，如果有人提出批评的话，那只能归结为他对勤劳的天国高度发达的农耕如此着迷，以至于他没有注意到其中某些明显的特征，而这些特征可能会有根本的改善。

　　他的这次旅行研究是一次愉快的冒险。他本人是世界上使用农业机械的国家的第一位农业调查员。他怀着很高的期望，抱以谦逊的态度来到了远东。

　　他的惊奇随着他在中国粮田里的每一次远足而增加。他的观察总结如下。

　　　　在农业方面，美国人是新手。我们以粗放的方式从事农业，依赖化肥，而为了卫生，让大量的天然肥料在江海中流走。迟早有一天人口增长之后，我们必须到东方去学习集约化的农业。中、韩、日三国人民在认真利用天然肥料耕作，在不懂化工肥料的情况下保持了土地的丰收。几千年来，他们践行的就是这种集约经营。

　　我在借助金博士的大量统计数据描述中国农业之前，我想引用他书中一些话。这些语言是对富有耐心的远东农民的一首鼓舞人心的赞美诗。

　　　　很久以来，我一直希望与中国、韩国和日本的农民亲近，在他们的田地里走一走，看看这些世界上最古老的农民根据他们的需要和经验，经过几个世纪来发展起来的方法、工具和过程。我想知道，在两千年、三千年，甚至四千年的耕作之后，他们是如何能够保持田地的生产力，满足养活这些国家稠密人口的。

　　我现在终于有了这个机会。几乎每一天无论我走到哪里，都被看到的农业条件和生产过程所惊讶和震慑。为这些国家许多世纪以来保存其自然资源的方法和程度所启发，为他们从农田收获的数量感到惊讶，为他们欣然付出的高效人力劳动所震慑。他们的报酬则是每天相当于 5 美分加食物，或者是每天 15 美分没有食物。

　　1911 年，美国的人口密度仅为每 20 英亩一个人，而中国的人口密度大约是美国的十倍，也就是说每两英亩一个人。金博士就山东这片丰饶的平原，对中国农业所能供养的人、家畜做了一些统计。其中一例，他发现每平方英里有 3072 个人，256 头驴，256 头牛和 512 头猪；而另一例，每平方英里有 3840 个人，384 头驴和 384 头猪。据1902 年官方统计，长江三角洲的崇明岛上的人口密度为每平方英里 3700 个人。

充分和正确地了解中国、韩国和日本能够养活如此庞大的人口的方法，对任何国家来说，这都是一个最重要的工业和社会问题。这些发现和发展所经历的步骤已经永远埋藏在过去，但这种独特的供养能力几百年前就达到了，而且一直持续到现在，几乎没有明显的下降。所以，进行这样的调查是值得的。我们生活在一个变化的世纪之初。从孤立的民族主义到世界主义，涉及工业、教育和社会生活等方面的深远变化，尤其需要进行这样的调查。现在是每个国家都要研究其他国家的时候了。通过相互理解和合作努力，所有国家都可以共享这种研究结果。这项工作应该有针对性，所有国家都能在世界发展中成为互助合作的对象。

若要阐明中国独特生产力的秘密，提醒大家注意以下几点。

1. 几乎是不可想象的农田灌溉程度。

2. 保存并利用任何可作肥料的废弃物。

3. 每年多茬种植。

4. 对土地的无限关爱和对劳动的无限投入。

首先让一个有兴趣且善观察的旅行者感到震惊的是，中国几乎所有的耕地都是梯田。只有在内蒙古满洲里，农业的经营规模与最近被殖民的国家（美国、南美洲、澳大利亚）相似。但在整个中国本土，除了绝对平坦的冲积平原外，所有的耕地都是梯田。梯田位于狭窄的斜坡，由一个平坦的地块和一个垂直的边界组成，其下又是下一个台面。这一垂直边界通常高出一英尺，因此形成了一个防护土墙，用以调节暴雨洪水及干旱季节灌溉用水。这个土墙在一个或多个地方留有溢流的出口。这些出口用灰泥砌成的石头加固，以防止土墙被暴雨冲垮。下暴雨是中国北方夏季的一个常见现象。

如前所述，这些梯田的主要目的是阻止暴雨对农田的破坏。在高度倾斜的地方，中国人既不能引水，也不能取水，因此他们必须满足于旱作。梯田的唯一目的是保持土壤。但在所有可以取水的地区，梯田还有另一个同样重要的用途，那就是调节灌溉，通过入口让水流入台地，直到把台地浇透。

灌溉用水的获得有各种办法。最简单、最便宜的方法是把河水引到周围的田里。中国北方的许多河流都有陡峭的下坡，可以在某个合适的地方大量抽水，然后通过沟渠将水引到田间，而沟渠的落差没有河流那么大。这样，灌溉用水就能在下游一千米左右的地方使用，而不仅仅是在干渠流经的地方。他们在河流旁边的地上挖出了深深的沟渠，因此，人们可以看到河流两岸都有灌溉渠的引水口。河流周围的所有平原都有灌溉渠网。它们为该地区田地提供了灌溉用水。

按照瑞典人的概念，许多灌渠与小河一样大，沿河延伸 10 千米左右。灌渠坡度缓慢下降，所以沟渠里的水可能比河水高出 10 米左右。这种规模的沟渠被分成若干小支渠，根据支渠的倾斜程度，河水通常在不同的水位分流到不同的村庄。这样，一个以许多村庄合作为基础的渠网，以及如何把河水以适当的顺序输送给不同的地块，就是一件复杂的事情。兰州的天主教传教士在城外有一个敞阔漂亮的花园。他们告诉我，只有在每三个星期中的某一天的某一时刻，他们才能为他的花园弄到灌溉用水。如果错过机会，他别无选择，只能等到下次轮到他们的那个时候。

在甘肃，一个地方的河流一般低于地面十米。从地质学上说，河道也是新近形成的。在这里，人们可以看到河水的取水口。但这里的水必须提升十米才能到达平地。把水提升十米是通过所谓的"波斯轮（persian wheel）"完成的。"波斯轮"是一个直径 12 米到 14 米的巨大水车，由河水的急流驱动，以一种梦幻般的方式完成取水。轮子的一边安装许多桶形容器。水轮旋转时，容器被带到水里，在水车顶端的容器就将水倒进了水渠。水车自行运转，并在整个农作物生长期内持续工作。在甘肃，水车是用木头做的。在四川水车也很常见，是用竹子做的，看起来很时尚。

在那些无法从河流或溪流取水的地区，人们别无选择，只能挖井灌溉。最简单的提升装置是一台带有三条支架的自制绞车。这种小型便携式设备，特别适用于浅井提水。

在河南和山西的黄壤土区域，田间的井水多是用毛驴牵引较大且高效的绞车提水的。毛驴蒙上眼睛，在井周围跑几个小时，也不会感到疲劳。

上述灌溉系统，在中国北方的肥沃地区使用。在中国南方，我们遇到了情形完全不同。那里的降雨充沛，地下水离地表更近，农田中随处可见露出的水堰。三角洲平原布满人工渠网。有大量的水可供使用，所要做的就是提水灌溉需要供应筑有良好堤坝的梯田①。为此目的，当地人使用由两三人操作的小型链式泵。

与灌溉工作同时进行的是河道治理，因为河水携带有大量泥沙。华北冲积平原上，河床不断升高。因此，夏季发生特别猛烈的洪水时，河流可能会在薄弱的地方冲出，泛滥成灾。为了阻止或至少限制这些自然灾害，河流两岸要筑起大坝。这一工作有时需要许多省份的合作。例如，被称作"中国的害河"的黄河，它携带的泥沙量的巨大让人难以计算。

---

① 我要提的是，作为中国人所从事的精细耕作的经济实例，稻田的面积几乎总是很小。我们几乎无法想象的是，人类怀着希望为这种微小的土地面积而付出努力。罗斯（Ross）教授说，有的情况下，梯田面积跟一张桌子差不多。一次他看到一块被土堰围住的一小块稻田，里面灌满了水，整块稻田比普通的桌布大不了多少。

关于中国人控制黄河的努力，金博士精辟地评论说："我们怎么能不赞赏一个4000年来，一直与这样一条大河抗争的民族的气势呢？这条大河流经他们的村寨，甚止高出田野，悬河周围有围墙与田野隔开。当然，他们并不总是成功地驾驭这条河，但每次失败之后，他们都会毫不犹豫地重新开始斗争。"

在肥沃的长江流域，也建造有大堤，以保护最外围的种植区免受海水的蹂躏。三角洲地区的面积自有史以来增加了许多。因此最古老的部分位于三角洲，新近形成的部分伸向海洋。这样年复一年的淤积填海，给中国农民提供了新的土地。这种淤积不仅仅是大自然无意识之作，更是人们深思熟虑把沉积引向他们希望之处。

如果我没弄错的话，农业的伟大使徒罗西奥常在他的关于田园劳作的赞美诗中，对一种东西写下溢美之词，它就是所有作物苗壮生长的基础——肥料。若真如此，他一定是中国人的狂热信徒，因为在保存和使用这些有价值的肥料方面没有人能胜过中国人。

我在"中国经济"章节中，描述了村民是如何向路人收取好处的。他们在路上铺上稻草，把牲畜吸引到那里吃草，留下粪便。我还提到道路，即便是最窄的小径，都留下粪肥捡拾者的脚印，他们非常认真地保存动物粪便。

金博士讲了一件小事。在长三角的一个农场里，他看到一个小男孩赶着两头母牛牵拉灌溉设备。男孩拿着有长竹柄的木制铲子，当牛显现出排便迹象时，他就顺手把新排粪便接住并装进一个收集袋里。

金博士还讲到，在桑树种植园里，蚕的排泄物及其脱掉的皮、桑叶残渣和小枝条被收集起来，埋到树下的土里。这样，桑园遭受的物质损失虽然比从树叶中产生的蚕丝多，但却有了一定的弥补。一切的残余都埋进土壤，为来年的收获做了准备。

另一种习俗，也说明了中国人利用肥料的严格节约习惯。这一习俗与乡下人在寒冷季节取暖的方法有关。他们在住室几乎每一个房间都垒一个炕，这是一个占据很大地面面积的平台，用于睡觉。炕上铺着草席，被褥压在最上面。

炕是用土坯建造的，土坯里掺和着谷糠和碎草。炕与炉灶相连，炉灶与炕在同一个房间里面，或者在朝外的墙里。炉子里放着烧草、树枝和其他可燃垃圾。烟雾中携带少量氮磷钾，随着烟灰沉积在长长的烟道和多孔砖内部。几年后，炕基的裂隙增加，烟雾进入室内，炕就必须重建。但这种劳动并非徒劳。被煤烟和植物副产品浸过的土坯被保存起来，然后粉化和加工成堆肥土。

从含泥的河流中引来的灌溉用水给土壤带来了丰富的营养。在长江三角洲地区，有一种普遍的做法，就是从灌溉渠中挖取淤泥，然后抛在田里，每英亩抛泥量高达70~120吨，抛泥劳作每年都会重复一次。这样做有两个优点：一是逐渐抬高了地面，以更好的排水；二是为下次种植提供了最肥沃的土壤。沟渠土里经常伴有蜗牛壳，这给农田提供了必需的氧化钙。

如果努力工作能获得更多的收获，中国人就不会退缩。经验告诉他们，长期种植桑树的土壤非常有利于水稻的丰收，而稻田的土壤则有助于桑树的生长。因此，这两种作物不断轮作。

一家三代中国农民

中国农村从厕所、牛粪、生活垃圾、旧炕等收集的肥料制成堆肥，在适当的水分条件下进行发酵，经精细粉碎后撒在田间。

谈到发酵的制作，我当然不是说中国农民对有关的生化过程有很多了解。经过几个世纪的实践试验，他们发现某些方法会产生良好的效果。他们毫不迟疑地按照习惯方法进行操作。现代科学无法对这些方法加以改进，而只能进行解释。

中国人利用豆科植物的活性收集氮的非凡过程也是如此。为了收集氮，他们通常种植外国人所熟知的"中国三叶草"——紫云英（Medicago Astragalus）。人们在它长到开花时收割，与河泥混合后做堆肥。经过三周的发酵，成为绿色肥料和堆肥，撒在田里。

1924 年 8 月，我在戈壁工作时，偶然看到一个值得注意的通过豆科植物收集氮的过程。我们住在一个叫沙井（Sha Ching）的小村，坐落在距镇番（Chenfan）绿洲八英里的贫瘠的沙丘间。这些小山丘坐落在一片黏土的平原上，在空间距离较大的绿洲可以看到沙丘和山脉。这里生长着一种粗糙的、毛茸茸的白色豆科植物，我说不出它的名字。

一群农民从沙漠里的绿洲里赶着马车来到这里，采集了大量的这种植物，这让我感到奇怪。下午，一排满载着这些作物的马车又驶回绿洲。

我询问了随从，得到的答复是，这种沙漠植物可做瓜田的肥料。我没有机会更仔细地观察这种绿色肥料在使用前的处理过程，但我毫不怀疑，它与获得氮有关，这种植物将被制成堆肥。

这里有一种野生豆科植物，用于农业。几近荒芜的沙漠可以借助于这种粗糙的植物获得更大的肥力，成为繁茂的绿洲。

关于这一非凡的过程，我引述金博士的话如下：

> 欧洲最杰出的权威人士经过三十多年的长期科学争论之后，到 1888 年得出这样的结论：通过滋养生活在其根上的低等有机物，豆科植物担当着世界氮的供应，氮可直接从空气中收集。但是几个世纪的劳动经验告诉最偏远的东方农民，种植这些植物对于保持土壤的肥力必不可少。因此，豆科植物与其他作物轮作，自古以来就成为他们坚定不移的做法。

中国农业的主要原则之一是在同一个时期收获两种或两种以上的作物。

由于北纬纬度较高，满洲里北部地区气候恶劣；在内蒙古，农业区位于海拔约 1500 米处；甘肃西部的某些地区，大部分耕地都在海拔 2000 多米。我遇到的农耕条件让我想起了自己的祖国：那里通常是相当大的田地，很少是梯田，地面有缓缓的坡度。常见的作物有燕麦、大麦、荞麦、谷子、黄麻和亚麻。春天来得晚，秋天的霜冻来得早。农民如果一年能收获到一茬庄稼，就会感到满意。

但是，要想看到典型的中国条件，不需要去比北京和天津更远的南方，北京和天津几乎都在海平面上。关于天津，金博士说："我和一个农民谈过话，他在小麦收割之后种植了洋葱，在洋葱之后种了卷心菜。三次收获相当于每英亩 163 美元的回报。"另一位农民种了爱尔兰土豆，早早收下后种了萝卜，然后又种了卷心菜，这样他就可以得到每英亩 203 美元的回报。

在山东，冬天播种小麦或大麦，春初收割，随后又种植高粱、谷子、红薯、大豆或花生。

中国南方种植两茬水稻。除此之外，在冬季和早春，还有第三茬，有时甚至第四茬种植卷心菜、油菜、豌豆和其他豆类等等。

为了节省土地和时间，水稻在一小块地上育苗。一英亩土地经过三五十天的精心施肥和精心劳动，可培育出足够十英亩地用的秧苗。同时，剩下的九英亩土地可种植其他庄稼，这些庄稼收割之后，全部地块就准备插秧了。

在这些连续种植的作物方面，中国农民最大限度地利用了多茬种植原理。这方面的一个发展是钻孔条播技术，它适用于所有农业，可使农民能够在不同生长期交替种植，这些农作物在不同的时间成熟和收割。通过这种方法，农民不仅从土地上获得了最大的产量，收获更多的品种，而且在作物种植的不同时期也有了更好地搭配分工。

作为这种多重收获的一个例子，人们可能会在同一时间同一片地块上看到准备收割的小麦、接近成熟的豆类和刚刚种植的棉花。

同一季节各种作物的这种交替，在某种程度上与动物王国是一样的。

田里中有一种俗称蚯蚓的蠕虫，这对农民疏松土壤使其通风起着必要的作用。在耕种过程中人们小心地保护着这些蠕虫，因为中国人希望尽可能地保留这些有用的助手。但是，当水进入稻田时，蚯蚓就会大量地被逼到地表。于是，农民赶来大群鸭子，鸭子吃了蚯蚓养肥自己。稻田注水时会带来鱼苗，鱼稻共生。

以上的描述，让我们再次看到了中国人令人震惊的、几乎令人难以置信的勤勉，这是中国人劳作的主要缘由呈现。他们除了人力劳动，似乎节约一切。像中国人种植水稻那样，为了种植庄稼把用来做堆肥的土来回搬运，耕种、种植和除草，使田地看起来比我们大多数人的花园整理得都好，不言而喻，这一切对于他们来说非常自然。我们常常冒昧地认为他们做了许多不必要的劳动，但后来我们才发现我们并不理解他们这样做的原因。

简单的生活，人人有工作，人人有饭吃。我要把中国人规划生活的这句话作为座右铭。从所有的角度来看，这并非是不好的生活规则。

我们必须知道，中国的大部分地区人口极其稠密，给所有人提供食物和工作是一项非常困难的任务。那里的工作竞争激烈程度我们难以想象。每年都会有成群结队的苦力乘船来到东北地区，为那里的大业主干活，报酬之低令我们令人难以置信。1923 年 5 月，我在甘肃的一次旅行中看到同样的情况，大道上成群结队的年轻人涌向陕西，寻找季节性工作。

金博士讲述了一个小故事，很好地说明了为生存而进行的可怕斗争：

> 当我们离开青岛的酒店，乘人力车到码头乘船回上海时，我们注意到一个十三岁或十四岁的男孩。他明显地跟着我们，时前，时后。他大多在人行道上跑，但当车夫放慢速度时，他也慢了下来。离码头足有一英里远。显然，那男孩知道船什么时候出发，他希望能把我的行李搬上轮船，赚几分钱。码头上已有 20 个人等着做这件小事，但那男孩冒险跑了一英里，还要走回去。我们走近船时，男孩走近了我们。但是强壮而热切的其他人站在那里等着，两次把他粗暴地推到一边。人力车还没停稳，一个大个子就抓住了那个箱子。我看到，如果不是那个男孩的努力，他就只能为他的白白劳累而痛苦了。生存的竞争是如

巨龙与洋人

此激烈，一个孩子竟也坚定地投入其中。多亏他的赛跑和训练，才不遗余力地赢得了胜利。他很惊讶，但也很感激得到了比他预期多的报酬。

中国人乐享其中的原始手工并没有我们想象的那么退化。由于中国人在人工种植水稻方面获得了不同寻常的技巧，金博士发现：这种手工劳动成本比美国人用最好的机械种植卷心菜或烟草要便宜得多。

此外，令人吃惊的是，中国人很早以前就实践某些方法，对我们来说，这些方法是近代才发现的。一些家庭世代以来一直在孵卵箱中孵化小鸡，孵化箱由隔开的陶器组成，可装 1200 个鸡蛋，用木炭仔细加热。他们没有温度计测量温度，但他们可以通过把鸡蛋贴在眼睛上的方法确定孵化的温暖是否适当。

作为一个整体，中国农业及其附属行业受到健全的经济原则的严格调节。中国人至少和我们一样，喜欢吃重味的食物，如肉类、鸡蛋等，但是他们几乎完全吃蔬菜，因为它蔬菜便宜得多。他烹饪时用油也是廉价的植物油。

对于中国人为什么以养猪和吃猪肉闻名，金博士给出了一个有趣的解释。根据他的数据，中国人的饮食按照干物质计算，牛肉只占 6.05%，羊肉占 8%，猪肉占 17.06%。如果再考虑到猪可以吃其他种类的家畜不吃的剩饭菜和茎根，我们就能理解为什么中国人选择养猪产肉。在这方面，值得注意的是，根据我们的发掘，在新石器时代，猪是河南主要的家畜。

这篇对中国农业的记述，基本上是对中国农民在知识、智慧和勤劳方面的颂扬。

那么，在这个稳固的结构中，难道没有什么缺点吗？没有现代科学所能提供帮助的不完全性吗？我相信，有许多这样的发展路线，即便在这一领域，更进步的中国人也有意利用西方科学的成果。

用现代方法改良种子，是中国获得更多收获的一条发展道路。淳朴的农民在这方面不能做更多事情，但在果树栽培方面，应该仔细研究中国人嫁接技术的成功。不然怎么解释甘肃的一些河流流域出产个大而美味的桃子、杏和瓜呢？根据美国传教士的证实，这些瓜果可以和加州最好的瓜果媲美。

第4章
中国经济

在河南和陕西旅行时，一天晚上，我们沿着从河南府通往陕西的大路，走进了小乡村绥世村（Suishih 硖石村）中一家简朴的小客栈。我在庭院的夜幕里一边踱着步，一边等着我们迟到的仆人和驮行李的牲畜。

突然，一个苦力悄悄地从门口进来，肩上担着两个大小和重量相等的物件。苦力的身材矮小，在担子的重压下艰难地挪动脚步。身材和重担形成鲜明对比，让我充满好奇。接着又陆续来了几个，一共五人。他们熟悉这里的情况，走进一个小房间，放下担子，喝了一碗温水，点着了烟斗。

我忍不住把我的助手陈先生叫来，请他告诉我这些人是干什么差事的。我得知，这些苦力来自西安，去往250千米外的河南府。他们挑的是"现金"，也就是旧的中国铜币。他们长途旅行的目的是为了交换，更确切地说，是出售这些硬币，以换取同等价值的银币。幸运的是，几天前我就此事有了领悟，现在我立刻理解了一种联系。由于战争时期铜价的上涨，一些聪明的日本人发现：买下中国作为钱币的黄铜并把铜提炼出来是一桩不错的生意。大量出口日本的铜币就以这种方式开始了。这一交易达到了很大的规模，以至于中国财政部认为，也应以同样地方式收集铜币并从中提取黄铜。这样做是明智的。

我们再回到苦力的话题上。根据陈先生提供的资料，每个苦力携带的两个包裹中铜币价值约为4.5美元，约合17克朗。换句话说，在中国，人们可以在一个地方廉价地购买铜币，担运250千米然后把它卖掉得到10美元报酬。从买到卖的地方的旅途费用顶多不过是每个人几个克朗。而就这个价格而言，苦力不得不走来回十天的路程，另外要有足够的工钱支付他的劳动。另外，从事这件事的可能并不是苦力，他们只是西安一位商人的挑工。这个商人把现金卖给了河南的另一个商人。在这种交易中，前者可从中获得很大利润。

类似的例子我可以补充很多。这个例子说明中国劳动者的微薄工资，以及他们极低的生活水平。

作为交易媒介的现金，一枚铜钱价值约为一美分的六分之一。这让人对中国零售交易的简单性有了有趣的洞察。

如果雇主是中国人，每天5到7美分的工资就很乐意地接受，而没有经验的外国人若能付 17 到 20 美分找到搬运工或帮手就已经很惊喜了。

如果我们考虑到，苦力正常的工资不仅要养活自己，而且还要供养他的家庭（通常有一大群孩子）。很显然，这些人的生活方式对美国劳工来说是难以想象的。

肉类是一种奢侈品。他们只有在每年的重要节日，特别是新年时，才会吃到肉品。我们也不能认为中国北方的人每天都能毫不顾忌地吃上大米。大米是富人的食物，穷人靠小米、玉米、高粱、豆类、白菜和洋葱养活自己。树叶有时甚至是他们菜汤的主要成分。尽管这种饮食极其便宜，但从营养的角度来看，却是令人满意的。可以肯定的是，在某些地方，我看到孩子们因饥饿而腹胀。但通常情况是，男人体瘦而健壮，女人肩宽体壮，孩子身体丰满、眼睛明亮。

农村人生活简单，不需要购买物品来维持。在陕南山区的村庄里，除了盐和少数铁器外，农民几乎生产他们所需要的一切①。如果没有强盗和税吏的骚扰，正常情况下这些心满意足、心地善良的人，会生活得非常幸福，尽管也会有蝗虫、干旱和洪水。

中国国内经济发展的一个自然阶段是将所有废物的利用，利用的程度是我们欧洲人难以想象的。满身尘土的小孩为富人从房子里扔出来的煤灰而雀跃，他们从中挑出未燃尽的碳粒。旧衣服的收集非常重要，捡拾者主要是妇女，她们常常身上背着旧衣服，怀抱着哺乳的婴孩，一路安详地走着。

中国人热衷于收集的首要物品是天然肥料。在直隶省的道路上你不用走很长的路，都会看到有一个特殊的供驮畜休息和排便的地方。这只是一个挖在路旁的长方形的坑，深一英尺，有整个路面宽，长度足以容纳一头骡子。坑中放满高粱叶或类似的东西，这一是因为它柔软，使驮畜觉得可以休息；二是用来收集动物粪便。在一匹骡子、驴或马首先有排便这一做法之后，后继者都会本能地相继停到这里，做同样的事情。假设一位旅人带着由十头驮畜组成的商队路过，而这十只驮畜要留下点什么。那么显然，这个做法不仅是要从驮畜的身上得到些好处，而且也剥削了旅行者的时间。然而，人们可能会安慰自己，因为路边臭气熏天的堆肥见证了这样做并非徒劳。

一个证词也许并不完全可靠的外国人，曾经告诉我，在过去的中国宴会上，报答主人好意的一种很好的方式就是进后院去。事实上，收集粪便与收集旧衣的人享有同样高的声誉。不同的是，收集粪便是男人做的事，不仅有年少的孩子和老者，而且也有年轻力壮的男子。收集粪便的工具是一种木制的容器，形状为截锥体，背在身上，用一把小铲子可以方便地捡拾道上的粪便，并巧妙地从肩上扔进背筐。不

① 盐受国家税收控制，纳税率至少是成本价的十倍。

仅有马粪，也有狗粪、猪粪和人类等。这在很大程度上是因为人和动物住在街上或路上。

被拾粪者吓跑的孩子们
（画家李某作画）

在北京，一手推车的肥料能挣大约 12 美分，这个价格令人惊叹。这证明了这一行当是有钱可挣的。在一个叫斋堂的山村，我在一座寺庙后面碰巧发现一个小男孩偷了一筐子粪肥。他那张内疚的脸看上去很滑稽。

任何一个方面都没有对燃料收集的热情更值得注意。任何可燃物都不会放过。孩子们在村外捡拾树枝和干草。他们不仅保存高粱秸秆（高粱能长到两人高）；我还看到他们挖起草根，抖掉泥土，待干燥后用来烧火做饭。

但这种辛勤的谋生之道有其不好的一面。在许多地方，人们捡拾树枝和野草烧火，而在几英里外就有极好的无烟煤。但是，糟糕的道路，加上贫乏的购买力，限制了煤炭的利用。更糟糕的事情是，山里的人用树枝烧火，而山上的原始森林被砍伐殆尽后，已无树可砍时，每一棵树会都被拾柴人无情地砍掉。寺庙里有可能有未被破坏的树林，或者是在悬崖边上，人无法到达的地方，可以看到树木生长在裸露的山脊上。森林是一个有魔力的词，未来的某个时候，它将改变中国北部山区的景观，创造新的生命来源。但是，要想产生任何重要的植树成果，都需要钢铁般的意志，因为这是一项巨大的任务，特别是要面对 9 月至来年 6 月的干旱。

对外国旅行者来说，缺乏合适的道路是一个令人不快的事。在过去的几十年里，中国建立起了还算不错的铁路网，但是乡村公路是个大问题，似乎还没有引起政府部门的关注。这个国家有许多非常古老的道路，有些路段交通十分繁忙。对我们这些习惯于修建得很好却空荡的道路上行走的人来说，这是一道风景线。但是这些交通要道日日夜夜都挤满了漫游者、驮畜、骑手、两轮车、独轮车和其他运载工具。这些道路不是人工修建的，否则，除了陡峭的山路或水道不得不人工干预，这些著名的官路在平原和山区通过时，就会有许多小的偏差，占用耕地。事实上，这些不成形的道路穿过耕地，就见到中国农民宽容的有趣证据。他们满足于在新道路上挖几个迂回的浅坑。而在类似的情况下，欧洲人或美国人会求助于法律的保护，或者如果没有这种保护，就会求助于带刺的铁丝网和猎枪。

可以说，西方生活的一个显著特点是简化铸币和采取措施，打破税收壁垒，消除中间商，让生产者和消费者进行简单而廉价的交换。在中国，这种情况似乎是相反的。

我们只需要对这个国家的货币体系有一点实际的了解，就可以看到这一点。这个话题很复杂，我们只能粗略地谈一下。

在北京和其他城市，习惯的兑换标准通常是墨西哥鹰元（约 48 美分）。一鹰元等于 100 枚墨西哥分，一分又可分成 10 份，但根据经纪人的敏锐发现，铜币的分价值下降得很厉害，一鹰元就能兑换到 110 到 130 枚铜币。相反，如果到商店去买一件 30 分的东西，我既没有经验，又粗心不带零钱，只能拿回 70 分。换句话说，店主会多赚 10 到 30 分。

或者换一种情况说，如果我坐火车去天津待三天，用一张印着北京印章的银票在帝国饭店付账，那就要打一定的折扣。这意味着，无论在什么地方进行兑换，你都要准备好或多或少损失一笔本金。这是一个正常的程序，在任何地方都可以从货币流通中抽取少量利润。

每一个新来的外国人都对这个迷宫般的变化无常感到惊讶，并要求进行货币改革。但经过仔细研究后，他发现，中国人对利润的巨大兴趣促使他们强烈反对这种做法。在我看来，给贫瘠的山区植树比改革中国的货币体系要容易得多。

如果我想租一套房子，通常我不能与业主直接交谈，他是不露面的。这件事似乎要由中间人安排。但是，当一切都办妥后，中间人会告诉我，必须多付一个半月到两个月的房租给他和其他三四位我从未见过但不知何故与这笔交易有关的绅士。如果我生气，中间人会歉意地笑话我的无知。我很快就会发现，这一奇怪的安排是一个既定的习惯，事情都是这样办的。

可以肯定地说，这种创造非生产性利润的做法是为剩余人口提供生计的众多手段之一。其他维持生计的方法虽然没有合法化，却非常普遍和盛行，例如盗匪行为和贿赂。

中国的盗匪行为，这是一个多么丰富而迷人的社会学研究的领域啊！然而，我缺乏必要的经验和想象空间，所以只能满足于几点外在的观察。

盗匪是一种现象，在对烧毁的村庄、令人惊讶的商队、征伐和其他技术改进进行了现实描述之后，可见这种现象是无法消除的。中国人的天性是平和的，他们的本能是作农民和商人，他们一定有充分的理由去打击有盗匪和贿赂行为的致命敌人。

在山西的一次旅行中，发生了一个小插曲，可能会对这个问题有所说明。闻喜县的县知事给我们讲了一个精彩的故事，听起来很逗。讲的是一群强盗要在我们走的山路上实施抢劫，我们实际上是被当作囚犯押解，因为行政官不为我们下一步的行动负责。

天很久没下雨了。这种情况对农业来说是非常糟糕的，在向水神"龙王"求雨无果后，人们恳求外国传教士向上帝祈祷下雨。这是最后一根稻草了。

我们和县知事举行了一次长时间的会谈，最后答应再等一天，但不能再等了。第二天早上，我们醒来时，窗外下着大雨，我的助手陈先生高兴地向我敬礼："不会再有抢劫了，他们现在得回家种地了！"

土匪作为一种补充性行当，是一种在需要时可转变的季节性职业。这种事情有很多值得说的地方。1915 年 10 月，我和尼斯特勒姆（Erik Nyström，中文名：新常富）教授在中国北方的红山聘请 50 多名苦力进行挖掘工作。然后有人告诉我，这些人中有许多是在空闲时候，或在没有好工作的情况下进行抢劫。

在山西继续旅行时，护送我们的指挥官，是一位年轻而异常和蔼可亲的警官，他曾亲手击毙很多强盗，而且还掌握了大量有关他们的信息。关于盗匪的来源问题，他向我保证说，真正有恶习的大约只占 10%。强盗中 90% 的人是可怜的魔鬼，迫不得已被逼走上这条道路。

盗匪活动可以通过和平手段、社会改革和开辟新的就业领域加以解决。如果对贿赂采取比现在更严厉的措施，对社会也不会有什么坏处。

严惩腐败的制度在古代就受人尊敬。最近，一位受过良好西方教育的年轻中国人告诉我，历史上最出名的贪污犯是中国乾隆皇帝的一个宰相。乾隆皇帝当政时期中国迎来了最后一次昌盛时期。清朝末年的腐败人人皆知。袁世凯实行的大量严厉的处罚表明，这一习俗并没有随着清王朝的终结而消失。

但在这一领域，我们也必须为自相矛盾的经历做好准备。从古代的惯例看，似乎一直抽取合理限度的佣金，打破这一制度比货币改革更加困难。就我个人而言，我完全听天由命。

在来北京的头几个月里，有一位帅气整洁的学生跑来见我。他在假期里到各处兜售丝绸刺绣。我当时觉得它非常漂亮，但后来发现它相当平庸。我买了一些，价格相当可观。当他拿到钱就要走的时候，他让我跟他一起出去，否则看门人就会敲诈他一些钱。我对这种可能性感到愤慨，就照他的要求，看着他走到街上，没有受到骚扰。

但从那时起，我对生活的了解就越来越深，终于意识到，那一次我是怎样把一个小偷从门口放了出去，他抢走了我仆人的合法财产。

第4章

中国经济

第 5 章
苦力（1916 年）

"在所有种姓中，最低贱和最被鄙视的人"。我记得，这是罗斯在旧地理学中对印度苦力的描述，这个情景深深留在我孩子般幼稚的想象中。

但是现在，自从我真正认识了中国苦力之后，懂得了敬重他们的诚实、平和和坚韧，尤其是他们充满阳光的性格，尽管他们的社会地位低下，常常被鄙视。

据我所知，国际观念对中国下层阶级的看法绝不是褒义的：一只阴沉、背信弃义的狗，为了满足自己的恶习和就业需要，会狡猾地采取任何权宜之计，不管它多么不光彩。这种看法肯定已经在大的海港城市形成，如在香港、广州、上海。在这里，乌合之众磁性般地集中在一起。这种特征可能会在来自南方省份的中国人身上表现出来。这些人出现在太平洋沿岸的许多地方。

我们不应忘记，根据欧洲的量度，中国不仅是一个国家，而且是世界的一部分。因此，中国人不是在所有地方都是一样的，就像人们要在达尔马提亚人、科西嘉人、加泰罗尼亚人或柏林人这样的欧洲人之间找相似之处。

中国人有一些传统的得利方法，例如贿赂和贪污。我们认为这些行为不仅超出了法律的范围，而且也超越了荣誉的范围。然而，除此之外，我发现中国北方人是令人惊讶的诚实和可靠。

现在和以前一样，士兵除了可能会在某些时候烧毁和掠夺城市外，我认为北京的生命和财产安全要比斯德哥尔摩更好，这是一个了不起的情况。我只能用北京的警察管理方法比斯德哥尔摩的更好来解释。

我来到中国时，有一种印象，就是一定要紧紧地扣好外衣扣。但后来渐渐淡漠了，常把一小笔钱放在身边备用，也没丢过一分钱。

假如忽略通常发生在门口的抢夺事件（抢夺是贪污制度的组成部分），我注意到我的仆人有两个不正常之处，一个是实际的，另一个是想象的。

在第一年，我们一行四个瑞典人在一起生活。我们一次又一次地注意到，从两顿晚餐之间，酒瓶里的白兰地有相当规律地减少，显然有人偷喝了酒。我们给那五个仆人下了最后通牒，要他们半小时内找出那个人，然后把他开除，否则他们都得走人。很快，事情就弄明白了，院里的苦工不仅偷了白兰地，还偷了两瓶啤酒。我们没有注意过啤酒。

这是一起引人注目的盗窃案，尽管这一罪行是不可原谅的，但至少是可以解释的。当时我说，这东西跟丹麦阿夸维特酒一样诱人。

另一个不诚实的事件也是令人非常惊讶的。

我刚刚做了一张有五个坐垫的转角沙发，我可以自信地说，这是一件我深感自豪的家具。后来，我们不得不搬到城市另一个地方的新住所。因此，我决定把收藏的古玩，如青铜器、瓷器等，打包运到瑞典。做这件事需要有经验的工人，于是雇来几个包装工。我先给他们看大一点的东西，然后给他们看小物件，为了让他们看得更清楚，我把它们放在大沙发上。我告诉他们"沙发上的每件东西都要打包"。

来到我们的新住所后，我想把这张珍贵的沙发整理一下。然而，坐垫却不见了。这显然是仆人不诚实的又一个实例。我给他们 30 分钟的时间，要求他们澄清这件事。

十分钟后，答案就出来了：在场的仆人都是无辜的，但是对在搬家时被解雇的老搬运工是否拿走垫子产生怀疑。我脑海里甚至想出完整的画面：这个人是如何把这些偷走的陌生东西在他和他的家人那里派上用场的。

这件事已经结束了，于是我又做了新的垫子。

但命运是如此捉弄人，由于战争，装有古玩的包装箱不能送去瑞典，滞留在雨中，接受检查。包装箱共有三个，其中两个大包装箱中的古玩完好的装着，而第三个小的却轻了许多，里面正好装有五个鼓鼓的沙发垫。

其中的一些已经得到证实：几杯丹麦白兰地和两瓶纽约嘉士伯啤酒，它们实际上是被偷走了；而这五个沙发垫，它们没有被偷走。这些就是我在过去两年里对家中发生的不诚实事件的引证。

在我看来，在北京的其他外国人有着截然不同的经历，这一点我并不陌生。一个社会地位很高的家庭多年来一直遭受仆人蓄意地侵吞，直到有一天，勇敢的家庭主妇用极具戏剧性的妙招把这伙强盗都抓了起来。其他方面也有类似的戏剧化的经历。就我而言，我铭记一句谚语：不要在太阳下山之前赞美这一天。

然而，我想补充的是，根据我自己贫乏的经验判断，中国的仆人在做事情和对主人的殷勤方面都是卓越的，这使人更容易忽略之前提到的猜疑搬运工的行为。

我不想用我信任的男仆周先生举例，他是一位优秀的绅士，他认为自己的地位高于苦力，就像斯德哥尔摩的斯特兰达瓦根门卫认为自己在尼布罗汉姆码头工人之上一样 。我更想谈一谈我的最底层的但很棒的仆人——人力车夫。就像世上许多更重要的联系一样，他和我之间的联系纯属偶然：我在来此不久的一天，就在街上雇了他，后来我们继续在一起，我们彼此都满意。他是一个稳重的，乐意做事和周到的人，而且他还有一个优点，那就是他能以一种稳健的、坚持不懈的小步奔跑，而不会像许多人力车夫那样，突然以危及生命的步伐变换他们通常昏昏欲睡的匀速奔跑。

他的日常工作是早上把我拉到办公室，回来和厨师一起吃个热腾腾的午餐，把厨师送回，下午再来接我。也就是说，除了额外的旅行外，每天要走六次 3.5 千米的路程。有一段时间，我想做点运动，告诉他下午不要来接我。有时我被工作耽误了，会在街上搭一辆人力车。当我的仆人看到我被另一个苦工拉回家时，他哀叹说我这样做是白花钱，于是他主动提出像以前一样来接我。然而，我下午想漫步，拒绝了他的提议。又一次，我搭了一辆人力车想快点回家，但由于我怕见到我的人力车夫，就在最后一个街角停了下来，步行 50 米回到家。但我们绝不能想象有什么事情可以瞒住中国仆人。第二天下午，我的车夫站在我的办公室外，面带愧疚，因感到没有服务好主人而充满负罪感。

当我跳出贴身仆从的狭小圈子，回想起我在旅行中接触到的所有助手、向导、搬运工、随从、士兵、赶骡人等时，大多很平凡，我没有什么可多说的。但是许多人确实是非常出色。

巨龙与洋人

在一长串的人名当中，排在第一位的是我第一次去斋堂远足时的挑夫。他们欢快地在山间唱歌，喝菜叶汤，睡在第一个能找到的棚屋里。回来得到报酬似乎少得离谱，却感到满意。另一个是我在斋堂的小苦工。每天早上他走进院子时，为了表示敬意，都放下小辫子。我走到哪里他就跟到哪里。我们交谈时，他用汉语，我用瑞典语，但他却明白我的意思。还有那个开封的赶骡人，在我们翻山越岭时，用推算定位很难和我们保持联系。每次赶上我们时，他都报以很友好的微笑。再一个是我在陇关的优秀大个苦力，他登上山顶放置信号，从没有弄错最好的地方。我站在桌旁时，他关注着我最轻微的动作。我午睡的时候，他在一旁守护着我。还有那个在陕西游历时的小侍从，一个可怜的体力劳动者。他吸食鸦片，要拿出一半的薪水买一种日本药，这种药可能是鸦片解毒药。他是这些人中最好的。他勤奋，机敏，有耐力，而且总是很自然、很幽默。

有一次，当我和一位上层中国人交谈，表达我对苦力的服务满意时，他说："是的，你当然有理由对他们感到满意，因为你付给他们的钱比他们过去得到的钱多得多。"

出于对我可敬的朋友的经验和判断力的尊重，我必须说，这并不是全部的真相。那些苦工绝不是趋炎附势者，没有证据表明他们有任何虚伪奴性或谄媚求宠。但是，特别让人愉快的是，他们对他们的外国雇主和偶然的雇主始终表现出机警和殷勤。当一个人爬上陡峭的悬崖时，总能感觉到一只有力的手在支撑你自己的脚。或者，当一个人在中午休息的时候，日影已经移动了，你发现另一个人在给你遮阳。或者开始下雨了，苦力立刻就出现在那里，保护你的桌子免被淋湿。

正是这些无数暖心的细节，共同构成了我对中国仆人的良好印象。

那么人们可能会问："这些被证明是如此优秀的导游、搬运工、服务员和车夫，难道不是从众多不那么有价值的人中挑选出来的吗？"

情况并非如此，在旅行过程中，有些人会突然出现、突然消失，这是源源不断的工作人流。我的两三个最好的苦力就是在离开留宿的地方 10 到 15 分钟前，我们临时得到的。警察要求赶骡车的人具备驾车服务能力，几乎没有提到业主的个人素质。

在北方各省的几次旅行中，我和这些人生活在一起。因此，他们是乡下人中非常可靠的一类人。当然，他们与我们每天见到的在田里干活的人，或者那些拥挤在悲惨道路上的人群，并没有本质上的区别。到处都有同样的好心情，这似乎是来自阳光的恩赐，同样稳定的安详和沉稳，没有丝毫不体贴的粗鲁，而这种粗鲁行为在瑞典的不熟练工人中却非常普遍。

一个外国人来到中国的村庄时，他想知道人们怎么能与臭气熏天的粪堆做伴。但是这又是太阳的力量，持续的阳光烧掉了微生物，保护着孩子们的生命，这些脏小孩蜂拥在大街上，浑身带着干燥土壤的灰色。

我们可以看到盲人或患有眼疾的人高得不成比例。在一些地区，许多人患有瘰疬病，也有许多人患有天花。但在这些地区之外，却是一个令人惊讶的强大和健康的族群。我可以给出有力的证据，证明苦力的力量和耐力，他们用令人印象深刻的力量去挣 10 美分左右。很难说他们对工作有多么热爱，因为这不符合东方的人生哲学。但在这方面，我们都暗中里有一些或多或少的东方倾向。

千百万在中国土地上耕种的人无疑是中国最重要的资源之一，一个强大而有远见的政府应该能够以此做成大事。耐劳、温顺、聪明，具有这些极佳品质的中国人，无疑会成为优秀的战士……这就是男人。最后，我想对女人也说几句话。

当人们在北京看到上层阶级的瘦小的妻子或"小妾"时，人们对中国妇女的身体发育有一个很差的认识。但是，乡村的妇女是一个完全不同的类型，尽管脚的变形导致活动减少，但她们依旧健壮，身材很好。

我清楚地记得，有一天乘火车经过河南省，村民正在田里收割小麦。人们可以看到很少露面的妇女。这个渴望丰收的时节就像一个热闹的节日，到处都可以看到高大强壮的妇女，她们肩膀宽阔，胸部丰满。

这些穷苦人家的妇女负担着沉重的劳动。她们还纺线，织布，染衣服，做鞋袜。只有针线活用的针是她们买来的。

最后，但并非最不重要的是，她们都是坚强而心甘情愿的母亲。她们生孩子很容易。而且，当希望得到的孩子夭折后，她们会在生育女神面前焚香祈祷，恳求女神给她们一个孩子，当然最好是一个儿子。这样她们就可以摆脱人们对她没有子女的谴责。

第 6 章
红山事件（1915 年）

那些在田野里工作的男人，聚集在井边说长道短的女人，以及在打谷场上玩耍的孩子们，都会看到从山上走下来的其他村庄的苦力，他们是外国人派去干活的。外国当初没有成功地从红山村找到劳工，但从远处的村庄聚来的苦力比需要的更多。因为外国绅士支付的钱多，尽管从区镇过来负责维持秩序的法警，把劳工的工资的一部分塞进了自己的腰包。

然而，很容易观察到这些苦力是如何在那里挖出深而直的沟渠的，从十里外的地方就可以看到从山坡上冒出一道道黑色条纹，这些黑色的条纹分布在山坡两旁，沟渠两边都是新挖的铁锈般的红土。

这是一个如此非凡的景象，吸引那些沿着干涸的河床行进的旅行者不得不停下脚步，上前询问情况。于是，这消息传开了，说红山发生了许多奇妙的事情。

那些上山的劳工，带着木板、水、吃的食物，或者是卖给外国厨师的鸡（不能错过赚点小钱的机会）。都说，那些苦力从 20 英尺的深坑中用筐子把泥土吊上来，再用洋人的大铲和沉甸甸的铁镐敲打采挖坚硬的、蓝黑色的、闪闪发光的铁矿石。

最值得注意的是，武安的县知事不想站在村民一边反对外国人的做法。红山村的村长在另外三个人的陪同下，来到县城，表达了全村人的不安。他们说，毫无疑问，这些外国人是来夺取中国山里的一件宝物的。这种事以前听过很多次，外国人总是破坏和掠夺这片土地。

因此，红山的问题令人不安，这座山耸立在村庄的上方。在记忆中，过去几代村民就敬畏这座山，守护着这座山。他们在山顶的庙里进行祈祷。据说，从前的铁矿石曾经被采挖过，但这是中国人干的，不是外国人干的，是中国人在那里做劳役。而且看起来没有挖的太多，因为挖掘并没有继续下去。现在，应该让那些在这些事中表现得更狡猾的陌生的外国人夺走武安人未动的宝物吗？

它的价值引起村民们的担忧：如果山顶被挖掉，山神被冒犯，那会发生什么？会不会有新的不幸降临？干旱、劫匪和可怕的重税已经给生活带来了很大负担。如果允许外国人随心所欲地亵渎了这座山，村民还能指望什么呢？

村长讲完他深思熟虑的话后，县知事用训诫回答了村长，这使大家都感到惊讶和失望：

只有村民无知，才能有这么愚蠢的想法。政府对一切都了如指掌，看顾着一切，别以为政府会允许外国人为他们自己的利益而去破坏红山的矿石。红山矿石是武安的骄傲和荣耀。

红山上的那个陌生的外国人，一到县立刻向当地官员出示了他的护照和谕令，上面盖有农商总长的印章。虽然他来自距西藏很远的小国瑞典①，但他也和县知事一样是王国的臣民。他不敢做没有向北京政府报告的事。此外，县知事派他的警员来，不仅是为了在苦力中维持秩序，也是为了监督那个陌生人在做什么。

关于在红山的工作是一个奇怪故事。总统，或称皇帝，他掌控这个无量的中央王国的一切，并且想要使河南省成为王国的心脏。他已经决定建造许多兵工场，用来制造刀、枪和大炮来对付强盗和叛乱分子，或对付王国的敌人。而且，由于这些工场需要大量的铁，他打算在红山挖铁矿石，因此派这个陌生人去看看矿石质量是否好，储量是否充足。

这个办法可以说是为了消除村民的无知和愚蠢！政府正在静静地关注着武安。收割季节即将到来时，红山村的村民不应该在无聊的闲谈和无根据的怀疑争论中浪费时间。

红山事件已经到了这个阶段，这时我来拜访我的朋友尼斯特勒姆，他就是"山上的陌生人"，他巧妙而又机智地指导着大规模的挖掘工作。大约有 50 个苦工在狭窄而危险的深沟里不停地工作，深沟的垂直壁尽可能地用木板夹护着。

在山顶上的寺庙里，我和开封来的矿山监察员张先生一起度过了一个星期。天气很好，九月的天气温暖，有持续的阳光，平原和更远的山脉的轮廓显得模糊，让我们倍感孤独。夜幕降临，寺庙的柏树上方，无云的天空星光闪烁。平原的深处，划过淡红色的萤火虫。农民们在燃烧着干草。

一星期后，尼斯特勒姆动身前往北京，我跟着他走了一天。在旅途中，我们偶然看到了两幅对比鲜明的画面。彭城，这是一座灰蒙蒙的拥有众多作坊的小镇，用煤系黏土制成各种瓷器；在一个小山口的另一边，是一个美丽的村庄黑龙潭，瀑布顺山流下，茂密的树林和风景如画的寺庙是东方坐禅冥想的理想场所。在那里，人们可以坐下来喝茶，抽水烟，在不受汗水和辛劳的干扰中打发时间。

黄昏时分，我们在小镇告别。我和两名士兵和一个铁匠协商后，夜行 25 千米返回红山。两盏纸灯笼，装上羊脂蜡烛，指引我们穿过黑暗。彭城的火炉之光在远处渐渐褪色。我们在小旅馆里休息了几次，享受着旅行者的常饮——温水。走过美丽

巨龙与洋人

---

① 汉语发音中 Jui Tien 相等于英语的 Sweden（瑞典）。

的贺村要塞式房舍，我们看到了红山北边的昏暗轮廓，在山顶附近闪烁着一道巨大的光芒。那是我体贴的男仆放的一盏灯，它指引我们上山。在凌晨一点钟我吃了晚饭，然后陷入疲惫的沉睡，直到第二天。新的一天有很多意想不到的事情发生。

第二天上午10点，我和矿山监察员张先生一起去看挖掘情况。我们在矿山的东侧新挖壕沟里停留的时间最长。那里有几块伸向山脚的巨石，看起来特别危险，于是，我们下令用木板进一步加固和支撑。

午饭后，我和一名士兵到山顶去做化验。一小时又一小时的机械劳动过去了。士兵很快就发现自己有点多余，便躺在坡上休息。我自己也不时地停下来，遥望平原和山顶，看到山峰在薄雾中慢慢消失。

突然，士兵站起来尖叫着，挥动他的手臂。苦力从西侧的沟壕里冒出来，独自或成群地向东跑去，在那里，一团尘土在微风中飘散。

肯定是一条沟壕坍塌了。我冲下山坡，来到一群苦力中间，他们正沿着通往东边沟壕的小路跑去。

那是一条巨大的新壕沟。这条穿过崎岖山体表面的新壕沟，先前就像用锋利的手术刀做了优雅的切口，现在却裂开了一个可怕的破洞。树桩、木板从那里刺出，工具被滑坡砸碎和撕裂。苦力们蜂拥着。有些人望着壕沟边缘目瞪口呆，另一些人则下到沟底，把土和石头抛到一边。一个人应该埋在了碎石下。为了把他弄出来，苦力们拼命地抢救。据猜测，他上面至少有两三米厚的土，还有几块几吨重的大石头。这是徒劳无望的，对他们和我来说都是显而易见的，但让他们抢救总比什么也不干好。他们真的很执著，只有少数人能同时进入这个塌方处。镐在闪烁，铁锹在甩动，岩石是在壕沟的下口不停移出！10分钟后，第一拨人筋疲力尽，两个人摇摇晃晃地走出壕沟，汗流浃背，一头倒在地上，又一拨人冲了进来。工具在快速挥动，人们互相呼喊鼓劲。

壕沟旁边，一个人俯卧着，凄惨的哭喊着，用头撞击着地面。他是受害者的朋友，在发泄他的绝望。

离他稍远的地方，地上躺着一个可怜的人，一个苦工，他不时地扭动着身子，大声地呻吟着。我逐渐了解到发生了什么。崩塌的时候，他正和另一个人一起在壕沟里，他成功地蹲了起来，只被滑落的上层压住了。就在我来之前，他们已经把他挖了出来。检查发现他没有骨折，只是被卡住了，受到一些惊吓。他被带回寺庙，在那里我们把他安置在一个大炕上，一个石头垒的铺位。他想要一些止痛的东西，我给了他几粒鸦片，这是我力所能及的了。服后，他整个晚上都安静不语。

我刚包扎完这个苦工，便有一个人进来了，他被几个同伴半抬半扶着。第二次小滑坡中，他的腿被石头卡住了。天呐！没有破裂伤口，只有不堪入目的瘀伤。我们用一条毛巾、一块油布和一根绑腿给他做了湿敷。让他吃了几粒鸦片后，这个可怜人也睡着了。

黑夜开始降临，我们赶忙从村里借了灯笼和蜡烛，以便工作可以不受干扰地进行。到目前为止，还没有人能看到那个死去的人。大家越来越认识到，找到死者需要漫长的工作。

现在我知道，矿山监察员在没有咨询我的情况下，给武安的县知事，发了一封急信，要求派更多的士兵来保护我们。他的想法是，苦力和乡下人会把他们的愤慨迁怒于我，因为我是一个外国人，是造成不幸的祸根。我认为他的恐慌是没有道理的，当我在灾难现场的苦力中来回抢救时，从未见有人有任何不友好的举动。不过，在要求更多警察援助的同时，我还采取了其他措施，我认为这些措施更适合当前这种情况。由于苦力们很可能要在晚上工作很长时间，他们需要加一顿饭。于是我派了一个人送信到村子里，把能迅速得到的食物都带来。过了一会儿，消息传来：在这个贫穷的小村庄里，晚上这么晚的时候什么也得不到。所以除了给四英里外的活水村求援外，没有别的办法。

与此同时，我们用灯笼火把照明，在努力寻找死者。随着壕沟越来越深，新滑坡的危险越来越大，一次只能有几个人进入狭窄的工作空间。最后，他们发现了死者的头和身体的上部。但后来又有一次塌落，我们不得不从头开始干。几个小时后，尸体再次暴露出来，苦力试图用绳子把尸体拉出来。随着绳索的抖动，尸体就像填充的人偶一样来回摆动，但他的两条腿仍卡在泥土里，一动不动。

消息传来，说食物已从活水村运来。现在快凌晨两点了，我带着苦力走进寺庙，让他们吃了一顿非正式的晚餐。一大堆面包和蔬菜汤送到 60 个人的面前。碗空了，再盛满。很高兴看到那些快乐的苦力们蹲在没有灯光的寺庙庭院里三五成群，一边吃饭，一边喋喋不休地说话。临时准备的饭菜很简单，但他们可以尽情地吃饱，也算是让那些可怜的苦力们享受了一顿小小的盛宴。"这就像过年一样"，他们说。这无疑是他们对这顿饭的最高赞赏。

苦力们分成几个小组轮流干，其中一组干活时，而其他的小组休息。直到上午11 点，经过 18 多个小时的工作，终于把那苦工的尸体弄了出来，放在寺庙旁边的一个侧室里。

按照中国的习俗，站在死者最近守护的不是妻子，而是母亲。于是，我们立刻通知他的母亲上山，大约中午她就到了。我们让她在一张扶手椅上休息（扶手椅是在寺庙的围栏里拿出来的）。她坐在那里，可怜而绝望，她那老花的眼睛无助地面对着阳光。矿山监察员和死者的工友把发生的事告诉她，其间，她嘴里喃喃诉说着她的悲伤（她的牙已经掉光了）。周围的人都安静下来了，坐在地上的苦力们也

巨龙与洋人

默默地掉泪。

根据矿场制度（在本案中这是我们的行为准则），在事故中丧生的工人家属有权得到小额赔偿，而且丧葬费必须由雇主支付。因此严格地说，我个人没有处理责任。正式的规定是要向北京农商部提交一份报告，上面再将小额赔偿金送交武安的县知事，再由专人转交给死者的家人。但我知道这个过程会有不确定性，便与矿山监察员和受到这件事深深影响的我的助理商量。一致认为应该把应付的那一小笔赔偿金直接交给矿难死者家属。因此，我们商定：丧葬赔付 20 块（中国钱币单位），家用赔付 60 块（其中：10 块用来过冬，剩下的 50 块用来买一块地，以备将来维持生计之用）。

这起事故在这一带传播开来，人们蜂拥而至。许多人只是出于好奇，还有一些人，尤其是妇女，额头上戴着白色的布条，这是哀悼的标志，在小侧室的灵堂表达他们的哀思，尸体在灵堂的棺材里放着。

下午，武安县知事亲自到场，他乘轿而来，六名士兵簇拥着。他出现在山上，站在红色丝织华盖下，彰显着官方的尊严。对我们来说，以何种适当的方式接待这样一位政要是件难事。不过，他的到来我们还是非常欢迎，因为这样，我们对死者家属的补偿就得到了官方的认可。最棒的是，他派了一名警察去叫村长和另外两个村民，要他们第二天去庙里陪伴死者妻子。

此后，这位尊贵的县知事便返回到了城里。第二天，涉事各方召集一起达成谅解。这件事非但没有给我带来任何麻烦，反倒让我对中国的事情有了一瞥之见。

死者之妻是村中一个优秀的女人，却生了一个又丑陋又患病的孩子。她和村里的人首先跪在我和矿山监察员面前，这当然是县知事在场让我们这些无足轻重的人粘了光。

然后，所有有关人员都被请坐在厨房的大炕上。有两眼昏花几乎失明的老母亲，死者的妻子，死者的朋友，村长和他的两位见证人，矿山监察员，我的仆人，还有我。那时我全神贯注于赔偿过程，无法欣赏当时的总体场面，但后来我想到，我们一定是构成了一幅不错的画面：所有的人都聚集在烟雾弥漫、光线昏暗的厨房里，用不同语言讨论如何处置这几个少得可怜的钱。

在监察员的协助下，我讲述了采矿制度的规定，以及向他们的家人提供的经县知事认可的有利死者的选择。这一解释直接导致了寡妇的又一次跪拜，表示她的感激之情。关于这笔钱的使用细节也达成一致意见。村民们特别赞成用 50 块钱买一块地的提议。根据当时的价格，应该能够买到三亩地（约 2000 平方米）。大家认为足以维持两个妇女和一个孩子的生活。

至此，一切都进展顺利，但随后出现了一个大问题：我该把钱交给谁？

我建议，应该交给失明的母亲，她是最无助的，最需要保护，但寡妇立刻表现出不安，在场的人也极力劝阻我。

然后我提议给寡妇。"不"，村长说，"不能让她拿这么大一笔钱。"这样，她会有许多求婚者，可怜的老妇人就会陷入困境。

我的下一个选择是，村长应该代为保管处理这笔钱。于是，屋内出现了一阵痛苦的沉默，在此期间，我看到我的助理周先生在角落里使劲摇头，强烈反对。

事情越来越糟糕了，我和我的同事、矿山监察员，去到一旁商量。一会儿过后，我们回到厨房，提出了以下解决办法：

1. 在所有在场人的监督下，把作为赡养费的 10 块钱当众交给寡妇，并强令她照顾她的婆母（老妇人表现得焦躁不安）；

2. 丧葬费中还剩下 5 块钱，加上购置土地的 50 块钱属于祖孙三人，全部的 55 块钱放在一个蓝色的、结实的双缝标本袋里，然后盖上矿山监察员的印章。这个袋子交给失明老妇，并附有以下说明：袋子不得随意打开。如果买土地恰好需要 55 块钱，应在所有证人在场的情况下，将袋子交给卖方。

这一安排得到了各方的认可，红山事件的故事就此结束了。

但愿这个蓝色袋子以后使用没有麻烦！

第 7 章
路边的老太太（1916 年）

一大早，我就很生气，生气的理由很多。寒冷的夜晚，硬邦邦的床铺，进进出出的警察，总在我要睡着的时候开始吵闹。

但我恼火的原因不是这些，而是闻喜县的县知事。他一点也不可靠。他圆滑世故，面带笑容，将法律当儿戏。自从我们五天前到达他的住所后，他就给我们讲一些离奇的故事，说是有一群强盗在山里横冲直撞，就是我们刚刚离开的而现在听了却想返回的那座矿山。这不符合他的意愿。

县知事一会儿说劫匪现在有 100 人，又说有 200 人。有一次，他们在绛县和警察争斗，又有一次他们在垣曲县抢夺（好像是他们给县知事一个时间表似的）。还有一次，我们在马家庙的小庙里过夜后几天，县知事又说劫匪把那个地方洗劫一空。我们对县知事的话感到厌烦。但他脑子里始终有一种想法想让我们明白，那就是我们回到山上是危险的。

前天我们和他大吵了一架，结果，在经历了许多次"如果"和"但是"之后，他答应我们在必要的人员护送下自由离开。昨天早上，我们要走的时候，他却没有做任何准备，而是秘密地给他的上级运城的道尹发了一封密信，要求下令拘留我们。这是一个想牢牢地留住我们的狡猾陷阱，除非我们愿意被无限期地留下，否则我们别无选择，只能在运城来命令之前离开。

于是，我们，即我本人和我的中国助理陈先生，向县知事发了一封信，让他履行他最初的承诺。得到了可乘的马匹和驮运行李的牲口，之后我和仆人们便在清晨步行离开了。

官邸里发生了可怕的骚动。县知事的首席助手在我们后面的街上追来，头发在他那值钱的头顶飘舞，他用颤抖的声音劝我们回到住处，但是手里拿到一块光亮的银币后，应要求赶快给我们备了马鞍。然后慢慢地踱回了官邸。

半小时后，两名士兵骑着马赶上我们，随后又来了一名士兵。过了一会儿，警察被派来负责护送我们，最后向导也来了。

于是，我们一整天都在赶路，不知道住处发生了什么事，也不知道仆人们怎么样。傍晚时分，我们在一个小村庄里停了下来，希望我们的行李能在天黑之前赶上我们。但一直没有消息传来，我们除了吃一点中餐，在警察所的一张木制长凳上休息外，别无他事可做。

清晨五点，我已经起床了，在山间的绿草中做了小解，现正坐在警察所的阳台上，思考着县知事的作为和不作为。他昨天是把所需的骡子聚在一起了，还是什么也没做，只是怀抱希望我们让步，然后再回来呢？

我正在思考着我早晨的苦涩幽默时，院子里的另一种情景引起我的兴趣。她是我昨晚注意到的那个老妇人，她静静地停留在院内，又坐在一块石头上，擦干了她那双流泪的眼睛，显得很可怜。我突然想到，她昨天总是热切地想跟人说话，一会跟这个人说，一会跟那个人说，人们站在旁边听着，她用优美而富有表达力的手势来解释她的话，这种手势在东方经常可以看到。

巨龙与洋人

她又坐了下来，不停地说话，不时地擦去眼泪。一会儿是个骡夫，一会儿是个警察，一会儿是我们的一个士兵，他们站在边上，听她说话，但从不久留。当他们离开的时候，往往互相偷笑并向对方点头，这表明他们并不太重视这位老妇人。程先生已经听过老太太的讲述，现在他走过来，给我们讲了一些关于她的事。她成天或许成年地谈论自己的忧伤。她现在是一位不幸的老婆婆，得不到她儿媳妇的尊敬。她的儿子是一个高大活泼的警察，在家里做各种各样的活，时不时地帮助老妇人换一个新的住所，或者以其他的方式帮她忙活。这家人住在附近的一个院落，每天清晨，老太太都会到警察所闲逛，整天待在那里，满足于能找到新的听众来听她倾诉。儿子对她的话漠不关心。他可以耐心地帮助她，但对她的话却一点也听不进去。

现在，他把她带到一个有阳光的地方晒太阳，在那里，她脱下了棉袄，开始捉虱子臭虫。上年纪的她，可怜的身躯瘦骨嶙峋，枯萎的皮肤贴在显露的骨架上。从她坚决的手指动作中可以看出，杀戮正在进行。很明显，虱子臭虫与狗和猪一样，在繁衍方面有着同样的随意和顽强的天赋。

在我的阳台下面，警察所的厨师正在准备早餐。他把整抱的干树枝塞进冒着烟的锅底，用灵巧的手把面揉成面团，扔到带油的汤水里。

在他旁边站着一个五岁左右的小女孩，与一般女孩相比不那么脏，耳朵上方扎着两条可爱的小辫子，一张红润发光的脸蛋，还有一双精雕细琢的眼睛。这在今天的中国人中是少见的，但在古画中，这种柔和形象则随处可见。

她是一个很会卖俏的小女孩，反应敏捷，时刻准备好应对任何可能发生的事情。她的胳膊摆着各种架式，无论是她把胖乎乎的手抱在脑后看着她的厨师朋友，还是折断一根树枝来帮他烧火，还是试图去捉一只清晨的蝴蝶，她那样子是村里令人愉快的小美人。她对所有的人都微笑，和每个人闲聊，但当那个大个警察走进厨房时，她便自信地依偎在他身边，他是她的父亲。因此，她是那位多话且反复做着相同手势的老太婆的孙女。也许会在枯瘦的老女人的细微特征中找到一点和女孩相似的美丽，即使这个小女孩很可能是从我未看见的母亲那里得到了好的遗传。

饭已经准备好了。有人带着一种公共情感（这种家庭情感和家规内涵我永远无法理解），为这位老妇人准备了一个小木盘。小女孩把盘子送给祖母，发现老妇人在打瞌睡，就把盘子放在她旁边的大木墩上，急忙回到厨师旁边，那是她最喜欢的地方。

老太太醒了，饶有兴趣地开始搅动木盘中的食物。她狼吞虎咽地吃了一个烙饼，但与此同时，她看到了有点什么不对劲，尖叫起来。她那尖叫的老嗓音引起了人们的注意。她的儿子走到她跟前，默默地拿走了盘子。但从老妇人激动的手势和搜寻受害者的眼神中可见，她将向第一位听众详述她受虐待的新故事。

现在，我渴望的消息来了。一个气喘吁吁的士兵走进院子，告诉我们大篷车就要到了。过了一会儿，欢快的铃声在村口叮当响起，一头带有一簇红头绳的骡子出现在警察局门口。

我的助理陈先生用一顿丰盛的早餐驱散了我的余愁之后，我们怀着完全自由的心情继续出发。带着新的烦恼和新的微笑，越过新的山脉来到新的山谷与村庄。

但是，路边的老妇人依然带着悲伤坐在老地方。当一个又一个的旅行者停下来听她诉说时，她那不尽的话语又流向沉默。

第 8 章
活在中世纪

三一主日那天，瑞典马拉尔地区的居民会用枝叶做成的冠冕罩在古老的圣井，在沃普尔吉斯之夜，郊区的人们在自家的花园里点燃灌木堆，重复着源于古时的习俗。研究表明，即使在像圣诞节这样明显的基督教节日中，也混杂着来自于中东异教徒节日的许多尤尔节元素。诸如托尔斯维（Torsvi）和弗罗斯维（Fosvi）这样的地名，也表明了这是向古代圣灵献祭的地方。

像瑞典人这样的民族在现代生活中，尚能够保存这么多史前遗迹一样，中国人在许多方面相比是原始的和保守的民族，肯定有许多对于旧时代朦胧般的记忆，这是不足为奇的。

在中国西北隅的甘肃，在农村到处都可以看到男人（奇怪的是，纺纱是男人干的活）用石盘这种最简单的设备把羊毛纺成毛线，这与5000年前的新石器时代的人们使用的纺锤盘没有什么区别。然而，这并不特别值得注意，因为在北欧博物馆里，可以看到，我们的先人过去几个世纪也用同样的设备纺纱线。

我能证明中国北方的木匠用的斧子就是槽斧，这引起了考古学家们很大的兴趣，这种斧子是青铜时代欧洲普遍使用的斧子，但铁器时代这种斧子却被我们现在使用的外观样式所取代。槽斧只是一边有刃，在凹槽里安装一个木柄。显然，这样一种斧子对于我们的祖先特别有用，因为重要的是，它可以尽可能节省昂贵的青铜材料。对于节俭的中国人来说，哪怕省下像铁这样便宜的金属也是值得的，因此他们经常使用铁制槽斧，又长又重的木柄提供所需的重力。

矩形刀被证实为更显著的古代遗物。我们在中国石器时代的住宅中发现了用石灰石和板岩制成的矩形刀。现在仍然存在的是铁制矩形刀，北方的妇女通常用来割高粱穗。高粱是一种长得很高的谷物，我们称之为杜拉（蜀黍；印度称之为黑黍）。

大约在基督诞生之时，按推算也就是中国的汉代，人们习惯于把各种有用的东西的模型，如牛、粮罐、炉灶，甚至是整栋房子，和尸体一起放在坟墓里。这些随葬品是死者在另一个世界新生活的所需。坟墓就像一个微型农场，周围有围墙，农场一角有小房子。我对那幢房子迷惑不解，它就像围城角落里的一座瞭望塔，在我看来，与现在我在中国看到的建筑不太相似。然而有一天，我在甘肃中部的一个山区旅行时，看到一个农场里有一座只有两层的小瞭望塔座落在围墙的一角，简直是一个完整的汉代随葬的微型建筑的复制品。

至此，我在现代中国物质生活中列举的所有古代特征，都可以追溯到石器时代，或者像带有瞭望塔的农场这样的事例，也可以追溯到早期的历史阶段。然而，感兴趣的观察者会发现，在中国，无论是乡村地区，还是那些相对较少受到外国影响的内陆城市，它们与过去几代欧洲人的生活方式有众多惊人的相似。因此，我毫不犹豫地将仍存在于这个帝国大部分地区的中国的民间生活描述为活生生的中世纪。

首先，根据我们的观念，我要提到的是中国人喜爱把自己封闭起来，他们在保护性城墙里面从事活动。在西方语言中，中国墙（长城）是精神隔离的比喻性表达，这种说法的基础与其说是依据现实，不如说是我们对中国国情的习惯性无知。尽管如此，勤劳、爱好和平的中国人有一个显著特点是，他们在各种类型的公共交往中，渴望获得尽可能强大的城墙保护。

几乎每一个城市都修有防御城墙，以雉堞墙和凸出的塔楼加固，从而可以用火力保护护城河和城墙外侧。在建筑和外观上，维斯比（Visby）的城墙基本上与北京的城墙一样，主要区别在于维斯比的塔楼高耸于城墙之上，而中国塔楼与城墙等高。此外，中国城门结构还建成了一个小的独立要塞（瓮城）。据我所知，欧洲的中世纪城镇没有什么与之对应的特征。

中国人对城墙的偏爱还产生了这样一种现象，即北京的皇城里外至少有三道墙。最外面的是坚固的鞑靼城墙，它环绕整个城，其周长为23.5千米。在城的中心，我们直到现在还能看到红墙，周围没有沟渠，建筑相对薄弱。最里面是紫禁城，这是皇宫所在，四周有护城河环绕。

不仅城市有城墙围绕，村庄通常也有防御土墙。这些墙也有雉堞状垛口，并配有加固的大门。单独的农场也有围墙和坚固的门，夜晚时，大门就锁住了。在山东各地，除了整个宅院周围的防御性墙外，有钱人还在围墙内建造了内宅，使其成为真正的要塞，防御力量也相当强大。

乡村地区的住宅通常是孤立的或封闭在相对薄弱的村庄围墙内，自然应该有特别的保护。然而，值得注意的是，在防御坚固的城市里，所有的房屋，无论大小，不管是富人的宅院，还是穷人的住宅，都有围墙。因此，当你穿过北京的街道时，只能看到外墙和坚固的大门，通常大门是非常漂亮的。想要了解中国的家，你需要特别的引荐或借助亲友的纽带。如果你在贫穷的街区里漫游，只有在夏天大雨倾盆之后，当人家的房子周围的小墙都倒塌时，才有可能对墙内的生活有一个详细而又常常是滑稽的观察。

对西方人来说，最有趣的可能是，在大的场所，同一宅院的不同部分之间甚至也有围墙相隔。这种现象尤其在分开佣人区和主人区的情况下出现。

在大宅院的复杂结构中，例如在占地面积广阔的农商部院落中，有相当古老的中式建筑设施。人们可以看到有大量的内墙，常有圆形的、漂亮的通道穿过不带门的围墙。由于有了这些多种多样的墙壁、通道和走廊，这样的一座衙门（官邸）就像一个迷宫，尽管不实用，但它具有精致而美观的视觉效果，以及有利于休息和坐禅等的私密场所。

城乡围墙表现出的隔离与防御功能，伴随着各种过关收费壁垒层出不穷。原因是，除了外国海关负责控制进出口关税外，还有一个"本土关税"机构，负责在国内收取进口关税。比如说，我通过天津把货物送到上海，再乘一艘瑞典船去哥德堡，当然我先得有北京关税总局的特别许可证，但仍需支付这批货物经过的各个路段的费用，以确保它不会在某地方被扣住。特别要注意天津的关税局，因为它一直是个麻烦的来源。

除了国外和国内的关税之外，还有一个特别令人讨厌的机构——厘金局。它拥有遍布全国的无数办事处，它阻碍了交通，妨碍了商业和工业发展。而商业和工业实际上是被这项巨大的税收所拖累。舆论日益坚定地要求清除厘金税。这样的改革是更为可取的，因为厘金是地方税的一种，是大量不正当税收的试金石和借口，这种税收不是中央政府实施的，而是地方政府，尤其是军阀强加给不幸民众的。

当旅行者在经历了护照检查，以及随后在城市入口处的警察和军事审查的煎熬之后，他会发现一种奇怪的情景（在这些地方，汽车和其他现代发明的出现尚未改变这一景象），这种景象让他想起中世纪的欧洲城镇：人民的生活都在街头，紧靠街边的私人住宅将坚固的大门关闭着，而工匠和商人的住宅则有一个向街道敞开的店铺前门，晚上用木闩锁闭。当这些门户在早上打开时，丰富多彩的生活就在大街上呈现出来。

木匠和打制棺材者把木头放在锯木架上，一端立在地上，另一端向上形成一个角度。然后一个人站在原木上，另一个站在地上，用一把大锯子把原木准确地锯成木板或托梁。殡葬店的摊位是同类店铺中最令人印象深刻的，这归功于成堆的棺材和华丽的檐篷，以及巨大的红漆杆子等设施。

由于工匠的大部分活计是在街上做的，或许是为了让行人都能看到，铁匠经常把风箱放在外面，在露天中打铁，锻造的火花在马路上飞得很远。工匠在户外工作是有充分理由的，但让我惊讶的是，隆冬时节我在兰州街头看到金匠们坐在摊位入口处的一张小桌子前，这也许是为制作精致手工时光线更好些。

染工的工作很大程度上在众目睽睽下进行，所以他们的摊位也很显眼，从远处看，新染色的蓝色布料（蓝色是最常见的颜色）直接挂在街上晾干。因此，有时行

巨龙与洋人

人很难在悬吊的布料下面通行。造纸者把湿的纸张粘在周围房子的墙上，整排的房子都贴有湿纸。在街上晾干的另一种产品是在寺庙祭坛上焚烧的香棒，由于使用量较大，制香是一个很重要的行业。

说到行业，现在该提一下饭店。在饭店里，食物是摆在桌子上，而且在很大程度上是在室外进餐的。看到一个中国厨师上身赤裸到腰部，把通心粉面团揉成薄薄的条子，或者听到他有节奏的扯拉摔面声音，令人难以忘怀。

像工匠们露天工作一样，商人们也会极尽所能地把他们的产品摆列展示在顾客眼前。在顾客可以从临街的柜台前进行交易，甚至在柜台前、台阶和凸出的侧墙上陈列着各种商品。例如，在一家粮食店的宽阔台阶上，各种各样的谷物在大柳条桶里盛着。

到目前为止，我只提到场所固定的生意人，但是街上同样挤满了流动的小贩，他们通过各自的乐器演奏来吸引人们的注意。卖柠檬水的人用两个小黄铜碗敲打，好像打响板；卖布的人用双手灵活地敲打着铜锣；磨剪刀的人敲打着一包铁片或吹着长长的喇叭；理发师用一把大音叉宣告他的到来，随身携带着所用的工具和一个可以坐下的小凳子。

每一个不受干扰的小空间，都有一些小工匠或商人摆摊。这边有一位流动的鞋匠或瓷器修补者；还有一个古董商，他在一块布上铺着一堆难以叫上名字的杂品；那边有一个卖花生的老头，他的全部花生的价值都抵不上一美元。

在这种杂乱无章的商业活动中，大街上挤满了乞丐，他们走东串西，一路乞讨，口中发出刺耳的哀叹，向人展露他们的残缺。瞎子吹着长笛或演奏某种弦乐器；挑夫迈着大步，有节奏地吆喝着。还有官员，他们有的步行，有的坐轿，以显示高于众生的体面和尊贵。赶驼人的齐声呼喊，驼队大车低沉的铃声、马车的车轮声、驴子的嘶鸣声和汪汪的狗叫声，都交织在一起。

在街道生活的喧嚣和脏乱之外，专注的倾听者往往可以从晴朗的天空中捕捉到一种充满活力的天籁之音。它来自一群飞翔的鸽子，鸽子尾部系着各种排箫，正是这些排箫在鸽子飞行时随风发出了乐音。

晚上，当街上的活动消失，夜幕笼罩着小巷，一个新的别致的身影出现了，那是孤独的守夜人。他以均匀的节拍，边走边用木棒敲打着木鼓，宣告他的出场。这个孤独的人物有一个可笑的悲剧，据说有一次，一些强健的盗贼入屋行窃把瓦片扔到这个老人的头上，以阻止他的打鼓。

在街头别致的风景人物中，乞丐和盲人最为引人注目。

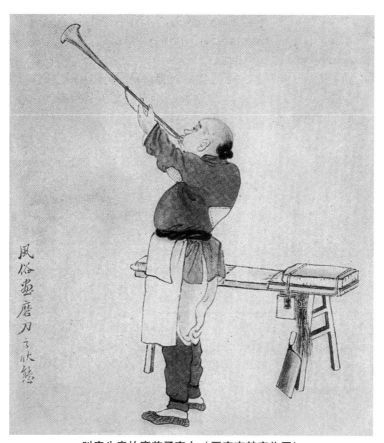

叫卖生意的磨剪子商人（画家李某家作画）

在中国北方，灰尘几乎总是模糊眼睛，再加上沙眼①和性病的广泛流行，导致盲人的数量惊人。

盲人是生活中的常见特征，他们吹着小笛子，手里拿着一根长棍子，斜靠在身前，在拥挤的人群中摸索行走，这种探路能力令人惊奇。

乞丐是中国街头生活中的一股巨大力量。例如在北京，他们以乞丐帮会的方式紧密地结合在一起，选有帮主，每年召开年会。在这个帮会的保护下，他们使别人感觉到他们的存在，特别是与商人作对的时候，乞丐从商人身上捞到不少税款。警察不愿意干涉他们的活动，因此他们可以对一个不受欢迎的商人采取非常严厉的强

---

① 沙眼也许是中国最严重的眼病，它以一种奇怪的方式传播。在所有公共聚会场所，如客栈、剧院、火车等，通常把撒有精致香水、冒着热气的毛巾互相传递，客人或旅客用这些毛巾擦脸。这个过程令人耳目一新，但却极不卫生，因为毛巾被人们一次又一次地使用，仅在一个大水壶里湿一下，壶里的水温温的，但很少是沸腾的，通过这些毛巾，沙眼寄生虫被传播到健康的眼睛。根据中国人关于卫生和清洁的观念，人们认为饭后或晚上在剧院里看戏时，在不同时间用这种方式来洗脸是合适的。在戏院里，侍从巧妙而令人称奇的方法是把用过的毛巾卷起来，把它们直接扔过大厅，扔给在水壶边的人。

制措施。例如，可能会发生这样的情况：一小群乞丐，大多穿着破烂的衣服，满脸疮痍，坐在商人的门口，发出刺耳的哀号，让顾客不能进出，破坏了生意，最好的办法就是尽快与乞丐达成友好的协议。

乞丐使用的一个更极端的方法是，早上一个乞丐来到一个不受欢迎的商人的摊位，在另一个同伙的帮助下，他把一只手钉在门板上。惊慌失措的商人急忙走到那个勇敢的乞丐乞面前，恳求他离开。

在北京街头的乞丐中，当然也有许多真正的受苦乞丐。乞讨业往往以西方难比的非常聪明的方式营生。

污泥、脓疮和绑在身上的旧报纸，这是一些乞丐携带的具有相当强大威慑力的武器装备。其他乞丐几乎赤身，显然是为了唤起人们对他们瘦弱颤抖的身体的同情。穿着罩衫的年轻强壮的妇女，带着小孩，尾随在人力车后，跑很长一段路，向他们乞求一枚硬币，用来让贫穷的母亲买点食物。我在北京见到的所有行乞者中，最有风采的是一位老太婆，她把行乞和拾荒结合在一起。她的衣服和篮子里的东西很相配，所以很难分清哪是她的衣服，哪是她捡拾的褴褛衣衫。

除了乞丐和盲人有帮会这样的特殊行会外，生产行业中也有各种各样的行会。在较大的城市里也有省级行会，它们有专门的房子和相当的组织影响力，目的是把来自同一省的官员和老乡笼络在一起。在北京，这些行会经常举行政治示威，特别是在想罢免不受欢迎的省长或反对某项任命时。

在我们西方人的思维中，这种广泛的行会制度是中世纪的现象。中国政府也是如此，乡或区是最低的行政单位，这与我们的镇有些相当，但却管辖范围大、涉及面广。地方长官是治安官，有权任命其下属和警察，并向其支付薪酬，他需要审案，并修建道路、桥梁和学校。如果他是一个坚强和有责任心的人，无论是形势所迫或出于自己的主动，他都会这样做。然而，在许多情况下，这一制度会导致严重的管理不善。地方官任期一般不超过三年，根据他在上级衙门的影响力，他有可能有或长或短的任期。在这种情况下，他别无选择，只能尽可能地节约公共开支，以备可能出现的困难时期。这些地方衙门有为数众多的官员、助理、办事员、收税员等，许多人对于那些触犯法律的不幸的农民或小贩来说是一种祸害。对违法者来说，有困难时往往找不到地方官，不幸者有理由记住一句老话，那就是：阎王好见，小鬼难缠。

一天晚上，我在山西闻喜县的衙门，目睹了一场司法审判。在地方官抵达前一个多小时，警察和其他下属及控辩双方已经集合。当人们慢慢地聚集在一起时，夜幕降临了，最后在三脚架上的几个大纸灯笼点亮了。这时，为有地位的人而设的中间大门打开了，地方官坐上了审判台。

第一个诉讼的当事人被传唤，跪在地方官面前，地方官进行了简短的听证，诉求者仍然弯腰鞠躬，用发牢骚的声音回答问题。随后宣布判决结果。接着审理下一个案件。整个过程产生了一种非常老式的效果。在一个正直的、聪明的法官的指导下，这个审案过程可能是很出色的，但这个地方官却留下很大余地，由他任意摆布案件。

一天下午，我来到河南的一个衙门。在那里，我在前院看到了一团奇怪的、令人厌恶的灰色的东西，覆盖在一个相当大的地面上。起初，虽然我在灰蒙蒙的团堆里看到一张张人脸，但没在意，后来我突然明白这是出来放风的犯人。他们的衣服、脸和手等一切都是相同颜色，只有沉重的黑色锁链与之形成了对比。

一天早晨，我从河南的另一个衙门出来（我在那里度过了一夜），在前院看到一个人的尸体，他赤身裸体，戴着粗大的脚镣。这是一个夜间死去的罪犯，死去时穿的破衣也被抢走了。

刚才谈到的事件发生在 10 年前，毫无疑问，自那时以来，司法管理和罪犯待遇已经大大人性化了。不过，我相信司法仍有很大的改革空间。

辛亥革命和随之而来的进步派的悲剧性理想幻灭，导致了中央集权的解体，中国划分成不同势力范围，每一个势力范围都由军政府首长或大军阀统治。其后的几年里，北洋政府或多或少都是靠独裁者的恩典而存在的。诸位军阀，如张作霖、吴佩孚、冯玉祥等，以变化无常的方式任命和罢免了历任总统和大臣，整个情况难以理解，难以记起。这是"诸侯争霸"时代的再现，对一个不幸的民族来说是极大的伤害。这个民族现在焦急地等待着伟大领袖的出现，他们迟早会战胜他的对手，并再次统一起曾经支离破碎的政权。

今天的中国有许多黑暗缺陷，我必须在这个描述中加以探讨。但纵观中国的整个历史，我们可以看到一个崇高的特征，它使中国人比西方的"野蛮"主义更具吸引力。这就是这个民族对宗教问题的非凡容忍。

共和制的中国没有国教，把儒教作为国教的尝试也失败了。这种宗教中立并不像俄罗斯的布尔什维克主义那样，是一种现代的激进现象。直到最近几年，由于或多或少地倾向于布尔什维克式的学生宣传，才出现了对宗教的一种活跃的敌视。

从最早的传统时代起，中国就以宽容的态度对待各种宗教，使受过教育的现代中国人对西方"野蛮"的十字军东侵、宗教战争、宗教裁判所、现代异教徒，以及各种形式的基督教产生了惊奇的认识。

景教和摩尼教在我们这个时代的最初几个世纪传入中国。在河南开封，有一段时间有一个犹太人聚居地，他们有自己的犹太教堂。即使是不容忍思想超过所谓基督教派的伊斯兰教，也被允许在中国西北地区传播。

中国人和中国西北部的伊斯兰教徒之间的毁灭性的战争，源于后者以深远的政治图谋入侵中华帝国。中国人有时会转而反对基督教传教士，这是因为西方政治对权力的贪婪和肮脏的物质目的，迫使中国人采取极端的措施。中国人在精神问题上天性宽容，但是如果让他们担忧国家的福祉受到威胁，你会发现，他们也会同样的冷酷无情。

但是，对于带着新的信仰来到他们身边的人来说，中国人是一个耐心和体贴的倾听者，即使这种新信仰有一个最大的优点——神圣且简单淳朴。

外来宗教也曾深刻地渗透到中国人的灵魂中，重塑了整个中国人文，这绝非偶然，因为它是印度佛陀的超然教诲，是一种从未有政治动机的教义。

第8章

活在中世纪

第 9 章
寺庙之国

当我坐下来写中国寺庙的时候，我所描绘的不是伟大而著名的神殿。因此，我不打算描述天坛（Heaven Altar）那令人眼花缭乱的大理石荣耀（天坛的另一种译法 Heaven Temple 是被外国人称为不那么准确的翻译），我也不评论邻近的雍和宫华丽的装饰和疯狂的仪式舞蹈。我也不想详述明十三陵或清西陵的陵前庙宇，那是守护伟大帝王遗骸的仪仗队般的威严肃穆。

不，我要说的是我休息过一两夜的小村庄寺庙，在那里我懂得了享受中国庙宇周围独特的安宁和祥和。

我第一次到中国考察斋堂镇煤田时，碰巧做了一个有趣的统计观察。在一比一万的比例尺测绘矿场的详细地图中，我有机会把所有的寺庙采样标注。许多寺庙有小而简单的祭坛，祭祀土地爷的土地庙；还有一些是相当重要的乡村寺庙。通过这种方式，我发现在这个地区，平均每平方公里就有一座寺庙，大小不一。这些中国的乡间庙宇总有一成不变的风貌，它们用围墙和坚固的大门围起一个纯净的、不可侵犯的空间，与村庄的喧嚣和污垢隔开。它们常常隐藏一种惊人的内在美。当我透过斋堂的丘陵乡村，从测量板向远处观看时，我们产生了一致的想法：这是一片用庙宇保护的土地。

此外，我们注意到中国寺庙成为乡村建筑的顶峰，村庄的围墙和私人住宅以相似的形式重复了寺庙丰富而发展的建筑理念。我们必须承认，尽管有肮脏和破败，中国人一直在美化他们的土地。

促成中国寺庙与景观和谐统一的原因有两个。一个是像陵墓一样，寺庙与群树或者原始森林的环境结合在一起；另一个是山间道路的最高点建有门形的路旁神龛。从神龛屋顶往下望，可以看到两个分开的山谷，因此可以感受到一个异常生动的印象，中国人是如何把土地完全控制在手中的。

现在我给大家看几张纪念性照片，这是我在旅途中偶尔休息过的寺庙照片。

我第二次远足是去位于直隶省东北部的滦州铁矿场。这一次，我也由张景光先生的陪同，他是我们在斋堂的好助手。我们在矿场中的小寺庙里住了几天。这是一座破旧的寺庙，里面有几间房子，有一些用彩绘的黏土拌稻草做成的塑像，一堵墙因年久失修而部分坍塌，还有一小块菜地，唯一的老僧在那里种植白菜和洋葱。

北京碧云寺一角

　　寺庙所能提供的仅仅是遮盖头顶的小地方。寺庙坐落在一座小山上，外墙前边有一个露台，我们常在晚上下班后坐在那里休息。

　　一天晚上，我们和老僧一起坐在那里。这时，白昼很快变成了黑夜。一个身影悄悄地顺着围墙走来，躺倒在露台上。张先生和这个新来的人低声交谈。我渐渐地明白那个陌生人原来是个乞丐，晚上来到寺庙外的露台上过夜。张先生询问了他有关村庄、道路、官员和土匪的情况。答话从黑暗中传来，听口气，他就像官员提问题一样保持平静和威严。而后声音渐渐地平静下来。过了一会儿，我们起身走向寺院的寝室，这时张先生把一些硬币轻轻地放在熟睡的乞丐头边。

　　周口店是北京西边一个工业小镇，位于所谓的西山脚下。结队的骆驼来来往往，穿过山谷，搬运从山上开采的黑色煤精。在周口店，有一个大规模的石灰矿。1921年夏天，在其中一个石灰矿区发现了一个填满泥土的洞穴。经过广泛的挖掘，我们发现了大量的第三纪早期哺乳动物群化石遗迹。在长时间反复考察周口店的一段时间里，我们一直住在河东岸的一个小寺庙里。河水从山谷里流出。这座寺庙很不显眼，但最近也遭遇了与中国其他一些小乡村寺庙一样的命运，变成了一所乡村学校。几尊神像仍然摆在寺庙的房子里。一个老仆人负责点燃香烛，给寺庙敲钟。不过，除了他之外，还有一个活泼的小教师，这是一个戴着眼镜的男人。在他的帮助下，我们才有了一个宽敞舒适的房间。

在外院里，耸立着一棵古老而巨大的银杏树，它像一棵北欧神话中的世界树，笼罩着寺庙。这棵树有着粗壮的树干、茂盛的树冠和奇特的两瓣叶，树叶柔软得像小扇子一样。这立刻引起了我的注意。来周口店之前，我对银杏树只是很偶尔的认识，那是我从带有植物标签的温室标本中了解，这种树原产于中国和日本。

但是从另一个角度来说，我更了解银杏树，因为我在斯皮茨卑尔根收集过侏罗纪时期的石炭系地层中银杏叶的印痕。银杏树是罕见的长寿物种之一，现存的动植物世界已经完全改变了形态，但银杏树从中生代起形态从没有改变过。在这个小村庄寺庙的上方，耸立的这个古老家族的巨大样本，在中国北方的阳光下伸展着蓬勃生长的枝条。

我们来到寺庙内院，走进仆人已经整理好的房间。附近的寺庙里传来此起彼伏的声音，那是学生们在上阅读课。我问我的助手叶先生，他们在读什么。"《论语》"，他回答。

孔子，是贵族后裔，官吏的道德师表，生于公元前 6 世纪。他的话至今仍然在人民的口中传诵，就像他仍然生活在山东的家人受到人民的尊崇一样。

银杏树和孔夫子，就像两棵古老而巍峨的世界之树，他们的根系都很深：扎根于遥远的过去。在这座小寺庙里，我第一次把他们看作是现代生活结构中的一根重要纬线。就像中国强大的过去，在各方面成就都高于现在一样，这两个逝去已久的世界遗产使成长中一代人的娱乐和工作黯然失色。

有一年冬天，中国农历新年在二月来临。我在那个假期去北京以北约 30 公里的汤山温泉，作了一次小小的愉快旅行。北京平原处坐落在山的拐弯处，山野与平原的边界呈锯齿状半圆形，平原从这条半圆形的斜坡向下倾斜延伸了 1000 多米。

沿着这条地表裂缝，温暖的泉水在一些地方流出，其中最著名的是汤山温泉。它们位于一个石灰岩小山的脚下，这座小山周围有两个大理石池塘，这是帝国时代的纪念。皇帝陛下曾在宫廷阁员的陪同下驾临汤山，住在温泉北边池塘中美丽的行宫里。

这些温泉现在已向公众开放。帝王时代的一些精美但破旧的建筑已经拆除，温泉旁边建起一长排低矮的房子作为旅店。在新建的浴室里，热水被输送到大小不一的水池中。据说温泉水有放射性。

这一次，我从北京到汤山没有选择走新修的公路，而是在马夫的跟随下，在狭窄的小路上骑马直奔汤山。安东是我最喜欢的马，当时还是幼马。我们在耕地、沙地和有小溪流淌的山谷里骑行非常愉快。每年的那个时候，泡温泉的人很少，我有几天安静的日子，交替着洗热水澡，骑马到汤山北边的山上需要一整天。我的小马有稳定的饲料，冬日活得很健康。当它可以在山坡上干草地里敞开吃草时，它就高兴得活蹦乱跳。

奇妙的大理石构造，还有从大理石床上涌出的石灰石泉水，这些都是这次旅行中值得关注的景点。

一天，我们来到了一个庄严的墓园。墓园里，柏树和其他树木排成直线，列在墓地两旁。挨着墓园的北边是座寺庙，旁边有为守墓人建的住室和圆锥形墓穴，墓穴涂成了红色。

这座幽静的墓庙，名叫林家坟地，也可以称为"六世高祖之墓"，他是旧朝代的一个小官员，他的家人也在这里安葬。

1918 年秋末，我们住在北京和张家口之间的山区，绘制宣龙铁矿地图。我们工作的地方海拔 800 米。十一月的霜冻开始渗透大地，一场大降雪对我的测量工作非常不利。

西班牙流感正肆虐这些地区。在一个叫上坡地的小山村里，我们发现几乎所有的人都生病，有的已病死了。我们在那里待了一夜之后，被迫继续往前走，因为我们找不到所需的住处。在宣化府，我们找不到收集样本所需的托盘，因为所有的木匠都在忙着做棺材。

一天晚上，我们走进了黄羊山（羚羊山）脚下的一座村庄寺庙。寺庙坐落在山谷的阶地上，下面有一条小河蜿蜒而流，河水冬天里干涸。在我们南部的高处，明亮的星空下勾勒出了羚羊山模糊棱角的轮廓。在北边，我们可以清楚地看到一片荒无人烟的流沙，这片沙漠一直延伸到浑河。我吃了晚饭，站在寺院门口，眺望着寂静的四周，只听到我手下人的闲谈声、村子里马的脚步声和令人生畏的狗叫声。接着，我听到了远处轻柔的鼓声和连续低沉的喇叭声。这些声音越来越近。这是一群僧人和农民来庙里祭献，以避免他们所称的祸害的可怕降临。

献祭的队伍慢慢地进入寺庙，寺庙的门被打开，点燃的香烛插在沙堆里，摆在佛像面前的铜碗里，院子里点燃了一大堆篝火，一名僧人敲起铜钟，鼓和喇叭开始齐鸣。

然后一切都静下来，人们坐下来，在寺庙里闲聊，篝火也灭了。

我睡了一会儿，钟声再次敲响，奏响了新的音乐声，庭院里又燃起了新的火苗。

我半睡半醒中，见篝火一次又一次燃起，伴随着时而铿锵作响时而低沉的钟声，又响起鼓声和喇叭声。

然而，当这些迷信的穷人为了驱赶恶魔而拼命祈祷的时候，我这个"洋鬼子"却安静地躺在帐篷床上，心里在纠结，是该为不能睡眠而烦恼，还是应该屈服于夜间祭祀的魅力呢？

一天晚上，在晋南山区，我们来到了一个贫穷可怜的小村庄，那里的寺庙是我们唯一能找到的栖身处。寺庙太小了，所以我和我的助手陈先生以及仆人挤住在一屋，设法寻找能放仪器、床和炊具的地方。

我们发现对艺术的崇敬也到达了这个小地方。村里学校校长拿着几张长纸条来到陈先生跟前，要他写几个"卷轴"，也就是用大号艺术字写几个竖行的格言。陈先生坐在寺院外，在一群村民中（包括渺小的我）簇拥下，写了一些书法名品，这极大提高了我们在村民中的评价。汉字是用毛笔写成的，几乎不允许重写。像这次，每个汉字都有三英寸高，需要一种不寻常的镇静才能在公开场合写出这样的条幅，否则，哪怕是最轻微的错误也会遭到无情的批评。陈先生的杰作，裱糊在丝绸卷轴上，无疑装点了这个校长现在的房间。

夜幕降临，我们正坐在寺庙里吃晚饭时，我的仆人走了进来告诉我们，一个女人带着儿子来庙里为儿子已故的父亲祭奠，请求我们原谅打扰。

年轻女子仪态庄重，五官端正，眼睛明亮透着睿智，领着一个半大的男孩走进寺庙。男孩的面部表情显示出死者曾是他的好父亲。这个孩子的身体、精力和智力都是如此的健康阳光。

那个女人在祭坛上点燃了香烛，然后和孩子跪在地上，额头触地，口里在祈祷。

追念仪式结束后，母子俩静静地站了一会儿。母亲简明扼要地回答了陈先生的问题。她的丈夫曾是村长，作为对死者及其遗孀、长子的一种敬意，男孩被任命为父亲的继承人，由他母亲协助。她看上去既能照顾孩子，又能管理村庄。

1924年9月初，我在甘肃凉州市北边沙漠的南段旅行。我们住在一个非常小的村庄里，每天到古墓地和古民居考察，四周都是沙漠，除了一些小片绿洲，土壤地下水上升接近地表，可给耕地提供足够的水分。

长时间的沙漠旅行后，一天晚上，我们来到了一个较大的村庄，我们被许可在村庄的庙里住下。寺庙里的树枝叶繁茂，这个田园诗般闲静的地方与只有几百米远的空旷荒凉的沙漠形成了鲜明的对比。我的帐篷床就在庙里，桌子放在外面露天的石阶上。石阶构成了寺庙建筑的正面，黑暗伴随着沙漠之夜清冷的星光而来，我坐在石阶上沉思，而我的同行者则在庭院里的小火堆旁嬉戏。接着传来了脚步声，院子的门打开了，一群拿着灯笼的人走了进来。他们是来参加一个特别的晚祷法会的村民。

"我们不会打扰你们的",他们和蔼可亲地向我们保证。于是他们点燃了香烛,敲响了钟声。一群人安静而周详地做完法会,悄然离去,显然是想让我安静休息。香烛的气味弥漫在庭院里,金属的叮当声在寂静的夜色中回荡着。我坐在那里思考中国文化的力量,即使在生命的边缘之地也能展现出它最好的特征:寺庙的深沉宁静和崇拜者的安静体贴。

现在我已经把这些五光十色的中国寺庙的记忆记录下来了,也许我在结束这一章的时候,可能会想起青海的一座藏寺里一种更美好的东西。在青海湖的西端,我们见到了一群来自丹噶尔古城的伊斯兰教建筑工人,他们正在为西藏喇嘛建造一座名叫加登塞(Gardense)的新寺庙。主建筑已经完工,寺庙干净和漂亮。喇嘛收到了西宁马将军关于我打算去访的信,他们非常高兴。有人把我领到一个庄严的接待室,里面有一个很大的矮炕,上面铺着漂亮的地毯。前墙上有架子,上面摆放着寺庙的艺术珍品,其中许多都非常精美。有许多朴素的中国景泰蓝器具,三盏洋铜灯和两件名叫"夜壶"的搪瓷制品。

第 10 章
满族人和革命

最后的皇朝继承者属于满族人。1644 年，满族人用刀剑一路冲杀，攻入明朝的首都北京。

近几年来，北京大学国学①研究所一直在努力整理和汇编清朝的大量档案，大学历史学者成功地获得了杂乱的手稿。这些手稿以前都放在紫禁城里。

该所展览室现在展出的文献中，有许多是中国企业的请愿书，其中表达了对满族所建立王朝的感激之情。那位向我展示这些官方文件的博学的教授宣称，有明确和确凿的证据显示这些文件是伪造的，历史记录中的各种细节也是如此，目的是向后人表明，新王朝从一开始就受到中国民众拥戴支持。

对上一个朝代的档案进行持续严格的查阅，很可能会带来更多的惊喜，并将导致对官方历史的重新评估。但无论如何，清朝发展中的一些主要特征早已经明确地显现出来了。

我们首先要注意的是，就像中国历史上以前的情况那样，军事上强盛但文化上落后的夺权者，很快就熟悉了中华文明。几位伟大的满族皇帝，如康熙、乾隆等，对文学和艺术有着浓厚的兴趣，对中国高等文化给予支持使其达到鼎盛时期。这两位伟大的统治者在战争中表现都是最成功的。他们统治时期，中华帝国在国力方面显示了异乎寻常的强大，乾隆在位的 60 年中人口增加了一倍也显示出这一点。

但是，随着中国乾隆皇帝的谢幕，清政权的荣耀开始消失，他的继任者嘉庆代表了衰落的开始。后来的清统治者带来的软弱和衰败，在很大程度上是由于王朝本身耗尽了能量、种族退化和宫廷政治取代了早期统治者的强大活力。

但是，必须明确的是，不仅是由于统治者家族的衰落，而且是因为出现了巨大的（往往是相当巨大的）问题造成了帝国的衰落。

这些内部困境的第一个原因是人口过多。在上述情况下，人口反而增加了。对于像中国这样的国家来说，不能通过大规模移民到海外来缓解人口过剩，于是饥荒和革命成了维持人口平衡的有力补救办法。

---

① 在牛津词典中，国学被称为汉学，被定义为"对汉语、历史、风俗等方面的知识"。它来自希腊语 Si-nai，意为"中国人"。

这两种方法都使用了。在 19 世纪初期和中期的大饥荒中，有 5000 多万人丧生。然后是轰轰烈烈的太平天国运动，但它的破坏程度是相对有限的。从 1852 年至 1864 年间，它不断侵扰了长江以南省份。据可能略有夸大的估计，中国人口从 4.25 亿减少到 2.6 亿。

对我们西方人来说，太平天国运动之所以闻名，是查理·戈登（Charles Gordon）（又称 Chines Gordon 中国戈登）在结束流血方面的成就。消息灵通的中国人在这个问题上的历史观点与我们不同。戈登的军事行动仅限于上海这个伟大的外国中心的前沿地区。根据中国的观点，戈登所镇压的起义却是反对腐朽王朝的正义之举；另一方面，中国批评家并没有把戈登的重要干预归因于他的西方仰慕者所看到的决定性作用性。

然而，对清政府及其中国臣民来说，最大的绊脚石是新的因素，它在形式上不断变化，对中国人生活的控制却越来越紧。我在接下来的一章中称之为"白祸"。这是外国势力，尤其是欧洲列强开始对中国的重要问题施加越来越大的影响时出现的。

高本汉教授在他的优秀著作《19 世纪的东亚》中，对这些事件进行了很精彩和很清晰的描述。这就足以说明 19 世纪中国与外国关系的一些主要特点。

中国和西方列强外交第一阶段的巨大困难，是由于双方对国际关系观念的完全不同造成的。

按照中国人的思想，中央王国是天下的王国，是唯一的文化国家，周围都是"野蛮人"，他们要向天子朝贡，他们的统治者和使臣必须在接见席上，向皇帝叩头（跪在地上以额头触地），致以最崇高的敬意。

要求欧洲各国使臣表现出同样的臣服姿态，似乎很荒谬，对于强硬的已经统治世界的英国君主来说，这是一种侮辱。有可能是，这些来自欧洲大国的首批使节结束了他们的任期时，也从根本上没有对中国要求的严格逻辑原则有所洞察。

1792 年马戛尔尼伯爵（Lord Macartney）大使，还有 1816 年阿美士德伯爵（Lord Amherst）特使，他们与清政府的所有谈判都以惨败告终，带来的只是更多的误解。

第一个明显的冲突发生在与英国东印度公司的鸦片贸易上。广东的地方官员擅自对违反清政府意愿的进口给予大额的补贴，但这很难当作外国人贩烟行为的借口。更过分的是，大量鸦片是由不受控制的非法走私贩运，这种贩运有时会牵扯到小规模的海盗活动。

中国人禁止鸦片输入的努力和外国人在这场非法但报酬极高的贸易中的坚持，最终导致了所谓的鸦片战争，中国人在战争中的一系列失败导致了 1842 年《南京条约》的签订。

根据这一条约，英国迫使中国同意，外交应在"平等"的基础上进行。还获准了开放广州、厦门、福州、宁波和上海等多个通商口岸。香港被迫割让给英国，导致许多领土的丧失。这种情况，引起了中国国内的舆论的强烈不满，特别是在 19 世纪最后十年。

既然如此，这场冲突很快又如火如荼，尽管在激烈的冲突中，双方都没有清楚地看到：中国的普世国家思想在原则上与西方国家有着深刻的对立，这个国家的思想不能容忍它旁边的任何一个平等的国家，包括在平等的基础上存在并有义务尊重每一项条约的欧洲国家体系，直到中国原则被诉诸武力所摧毁。

欧洲的原则显然与中国旧的单一国家概念有很大不同，后者只能在中国的文化绿洲范围内发展，一旦中国接触现代世界政治，就注定要落伍。虽然欧洲外交家在原则上宣称是在为"正义事业"而奋斗，但令人痛惜的是，这种原则被鸦片贸易、"亚罗"号事件和欧洲士兵在北京的"野蛮"行为等可疑成分所玷污。

《南京条约》签订之后，鸦片贸易变得更加失控，随之而来的是走私和海盗行为猖獗。

1856 年，广州当局收到情报说，一些多方征讨的海盗藏在中国的"亚罗"号船上，该船得到了英国当局的同意，悬挂着英国国旗。中国人搜查了这艘船，抓住了海盗，带走了船员，并取下了英国国旗。毫无疑问，根据西方国际法，冒犯了英国国旗是对英国的严重侮辱。中国人陷入了两难境地，因为他们想以他们自己的权利阻止一次非法货物运输。在这种情况下，英国拒绝中国"亚罗"号事件的解决办法，于是借口造成了一场战争，这是令人痛惜的。在随后的战争中，英国与法国结成盟友，要求对一名法国传教士的谋杀进行补偿。这场战争再次以欧洲盟国在军事上取得的一系列胜利而结束。就英格兰而言，因 1858 年 6 月天津和平条约的签订而结束。谈判由桂良和另一位中国代表作为一方，额尔金勋爵（Lord Elgin）和秘书布鲁斯（Bruce），翻译李泰国（Horatia Nelson Lay）和威妥玛（Thomas Francis Wade）作为另一方。两个翻译中李泰国年长，他个性强悍，在中国使节面前为所欲为。额尔金勋爵自己写道，他被迫"采取最野蛮的行动"。

我们可以看到东西双方这次会面的生动画面。一边是高贵的勋爵，他依仗取胜的英国武器，还有精力充沛的李先生助力。另一边是可怜巴巴的中国特使，他们的讲话受到两千年传统的讲话技巧和优雅方式的束缚，他们内心绝望，一点点地让步，夹在外国人的严厉话语和在北京朝廷的等待厌烦之间。

该条约确立了一项非常重要的原则，它奠定了外国人此后在中国生活和行事的基础。英国获得了在北京设立永久大使馆的权利（中国在伦敦也享有相应的权利），允许英国在长江通航，开放新的贸易口岸，英国臣民有权持护照进入中国内地，保障基督教传教士的自由和保护他们的传教，并承认他们的治外法权。这些治外法权包括外国人不受中国法律管辖，受各自国家的领事法庭管辖。

因此，英国人制定的条约类型，成为其他国家与中国签订条约的先例。在英国签署协议的第二天，法国特使格罗男爵（Baron Gros）代表法国与中国签订了一项类似的条约。

当批准这些条约的问题上，北京的朝廷尽了最大的努力把那些讨厌的外国使者拒之门外。条约规定，条约批准应在北京进行，但朝廷希望将批准程序转到天津附近的沿海城镇北塘（Pehlang）进行。由于新建的大沽要塞的阻挡，企图用武装船只强行进入白河的行动失败了，英法两国使节毫无办法，只能放弃向北京入侵的图谋。

但在 1860 年，在 11000 名英国士兵和 7000 名法国士兵组成的军队的支持下，额尔金勋爵和格罗男爵作为公使再次来到中国。中国军队在多次交战中再次失败。1860 年 10 月 3 日，在历史上，北京第一次落入欧洲军队的手中。咸丰皇帝逃往临近内蒙古的热河。在我看来，到目前为止，军事行动是必要的，而且是完全有道理的，以便使顽固的清廷相信，它必须遵守其约定的条件，并且摈弃天子高于其他君王且不必为对其他君王的承诺负责任的旧观念。

但是，当中国的一切抵抗被击垮，再进行武力行动而没有军事目标时，北京郊外的皇家园林圆明园在外国士兵掠夺后，被额尔金勋爵下命令烧毁！

在 19 世纪的最后二十年里，外国列强与中国的关系史中写下了黑暗的一页。而用简洁的英语短语来说，列强们在"抢地游戏"中竞相瓜分中国。

1882 年至 1884 年，中法两国在中国西南边境的争端，导致法国决定进一步对东京（越南北部一地区的旧称）施加政治影响。

然而，1894—1895 年日本与中国之间的战争，首次引发了外国的正面侵略。日本，在没有改变东方精神文化的情况下，迅速而娴熟地采用了西方军事的和物质主义的方法，对准备不足的中国轻松地取得了压倒性的胜利。《马关条约》确保了日本对名义上独立的朝鲜的控制，承认日本是东北沦陷区南部辽东半岛和台湾岛的征服者，并赔偿（库平银）两亿两。

俄罗斯对辽东半岛感兴趣，它垂涎那里的一个太平洋不冻港。俄罗斯成功地获得了德国和法国的支持，迫使日本以小幅增加中国的战争赔款为代价，放弃了这一很重要的领土要求。

作为对归还辽东所做工作的奖励，俄罗斯获得了中国一项特许，将横贯西伯利亚的铁路通过满洲里延伸到盛京（沈阳）和亚瑟港（Port Arthur，即旅顺港），后来俄罗斯获得了占领亚瑟港的权利，并将其改造为一个强大的军港。

1897 年 11 月，两名德国传教士在山东被杀。德国政府以此事为借口，实现了德国旅行家冯·里希霍芬（F. Von Richthofen）早已研究成形的想法：即开发以青岛为基地的山东省。因此，青岛所在的胶州湾被德国"租借"，德国企业在这里开始了殖民活动。其高质量的经济活动也无法掩盖这样一个事实，即在没有任何合理原因的情况下，侵占了中国领土。

英国对俄罗斯占领亚瑟港感到吃惊，要求中国赔偿未占领威海卫港的费用，并占领了香港对岸大陆的一部分土地。法国则占领了海南岛对面的广州湾。

这类事情在中国内陆继续发生，这表明了外国列强对无助的中国的最终意图。各列强都有一个势力范围：法国占领云南和广西，英国占领长江流域，日本占领福建，俄罗斯占领东北。在欧洲印刷和发行地图上，以不同的颜色显示出中国被划分为不同的势力范围。

肯定很自然的是，一个自古以来就认为自己高于其他种族，且处于显赫特殊地位的民族，会被外来者的这种行径触及心底，而在半个世纪前这些外来者还被视为臣服的蛮夷。

这种反应以中国人特有的方式出现了：形成了一个仇恨外国人的组织，特别是在孔子家乡山东，那里已经严重遭受到外国侵略者的欺辱。这个组织汉语中称为"义和团"，或被部分外国人称为"拳击手"（Boxers），急切地训练使用刀具和长矛等古老武器，他们相信自己刀枪不入。朝廷和许多官员对义和团表示同情。1900 年初夏，政府士兵开始公开与他们友好相处。

5 月底，数百名外国士兵作为使馆的卫兵从天津被派往北京，但英国海军上将西摩尔（Edward H. Seymour）带领下的一支规模更大的救援部队被义和团和清军逼退到海岸。

6 月 20 日至 8 月 14 日，北京使馆区经常遭到围困，如果进攻果断坚决，那一小撮外国军队怎么能抵抗这么多的兵力呢？但是，中方许多指挥人员对使用武力的权宜之计持怀疑态度。

一支由两万人组成的八国联军强行开进北京，他们发现除了德国公使外，其他各国公使都没有受伤。德国公使在围困开始前，前往中国外交部门的途中被子弹击毙。

现在北京再次落入外国军队之手，外国人又犯下了暴力罪行，紫禁城甚至是满族富人的家里也遭到了最"野蛮"的洗劫。

当外国军队即将逼近首都时，皇太后和皇帝带着他们的部分宫廷人员逃往陕西省会西安府避难。

在义和团兴起的几个月里，在直隶省和山西省，大量传教士及当地的基督徒被杀死，幸亏华中、华南的巡抚的远见和道德勇气，他们反对北京方面的明令，保护了他们所在省份的外国人，大屠杀仅限于刚刚提到的两个省份。

对于绝望的中国人民来说，这种民族精神的宣泄爆发以缔结一项和平协议而结束。协议保障了由中外联合控制的税收对外国列强进行巨额赔偿。

义和团骚乱之前很久，就有过以现代精神进行改革的努力。人们可以引用一个事实，著名的军事家和政治家左宗棠将军，1885 年临终之时在给皇帝的奏折中提出了一项广泛的改革计划。在这方面，他强调建设铁路，加强海军和海岸工事，按引进的方法采矿，改进制造业，制定稳健的财政政策，鼓励出国留学。

对日战争的不幸结果表明，与坚决和成功地采用西方强权手段的岛国日本相比，中国人处于劣势。结果是转向日本学习新思潮，大批的中国学生涌入日本的高等学府。

1898 年，少数改革派在日本模式的强烈影响下，促使光绪皇帝发动了一场广泛的改革运动。不幸的是，这次尝试是短暂的。曾长期执掌王权的慈禧太后重掌王权，她精力充足，贪图权利。1898 年 9 月 22 日，在光绪的改革法令公布仅仅一百余天后，她发动政变，将皇帝赶下台，将他幽禁在紫禁城西部的一座岛上（瀛台）宫殿里，并处决了所有无法逃亡的改革者。

皇太后，慈禧

镇压义和团崛起和外国军队占领北京的惨痛经历，使皇太后最终认识到把中国改造成像西方列强与日本那样的必要性。从 1902 年 1 月 7 日起，当她从逃亡的内地第一次乘火车返回北京后，便置身于改革运动前沿。同年，长江流域的多名巡抚也在给皇帝的奏折中提出了彻底的改革计划。

1902—1908 年，在外部刺激下，进行了一场令人瞩目的变革努力。日俄战争（1904—1905 年）中，日本战胜俄国使日本产生了泛亚思想。这次变革最显著的特征是在 1905 年废除了旧的科举考试，制定了西方精神中强调自然科学的教学计划。

1908 年 11 月 15 日，不幸的光绪皇帝驾崩。第二天，强大的皇太后也走到了她生命的尽头。与她一起逝去的，是腐败的清王朝最后一个铁腕的人物。

两位中国大政治家，张之洞和袁世凯，他们曾支持老太后，现在都被抛弃了。前者已经去世，后者则被朝廷掌权派毫不留情地解职了，让其回故土河南省"养病"。

小皇帝宣统未成年，摄政王执掌着秩序最乱的朝廷。政府机关官位被拍卖给出价最高的人，有权的王公们用一切手段来填满自己的金库。

人民开始意识到必须摆脱这个陈旧的王朝，革命的冲动在许多方面开始活跃起来。1911 年 10 月 10 日，突然爆发的事件导致了清统治者的下台和共和国的成立。

总的来说，这场革命一点也不血腥，对被推翻清廷的宽容体现了中国人温和特质的较好一面。被罢黜的皇帝每年可有 400 万元（中国银元）的津贴，可留住紫禁城，并可在祖庙和陵墓祭祀。

辛亥革命的重要意义在于它标志着清王朝的覆灭。除此之外，这只是伟大而复杂的变革中的一个步骤。它并不代表一个伟大的改革时代的开始，或者像法国革命和俄罗斯革命那样，解放强大的、迄今受到压制的人民力量。现在人们可以指出的大量重建工作必须归结于帝国的最后时期。现有的大多数铁路早在 1911 年就已经完工，当时的政府基本上是现在的模式，而旧的考试制度也如前所述，1905 年就被废除。

由于持续不断的内战，特别是过去两年（1924—1925 年），生活条件极其艰苦，由于互相争斗的军阀争相征用和持有铁路车辆，对交通和商业造成不可估量的损害，共和国在许多方面一直处于崩溃状态。与此同时，北洋政府的权威已经远远低于帝国时代最糟糕的阶段。

旧的政治组织支离破碎，新的政府大厦千疮百孔，只具临时性。总的来说，政府内部的新发展是微不足道的。另一方面，在没有政府支持的情况下，即使在内战和行政管理不正常的情况下，工商业还是取得了许多显著的进步。

至于未来，最有希望的迹象是，尽管缺乏资金，高等教育还是取得了很大的进步。接受现代教育的新一代已经成熟，他们在权力和发展确定性方面对国运的影响每年都在增加。

这场革命，一方面在重建上艰难地向前迈出了一小步，但同时也意味着对那些具有审美价值的东西的破坏。一切象征着皇权的东西都被冲走了，而没有顾及它们的艺术价值。精美的龙旗不得不让位给象征"五个民族"的五色旗。帝王时代，官员们穿着严格民族风格的华丽服装，现在则身着长袍和高帽到处走动。最不可思议的是建筑，它被称为半外国建筑，并产生出不土不洋无人敢为之负责的怪物建筑。

在我看来，审美品味的下降，旧式时尚的消失，如今充斥着商店和房屋门面的中看不中用的物品，似乎比内战和治理的缺失更糟糕。

但在艺术、建筑和手工艺方面定会复兴，无疑会有一个口号：回归伟大的民族传统。

第 11 章
宜昌石龙

　　尤其是在当今中国政治历史的敏感阶段，巨型海洋爬行动物化石在中国的发现，引起了多方面的兴趣。"好神"和"坏神"一直萦绕在中国人心中，而化石的发现可能清楚地显示中国帝王与龙的存在的关系，这很有可能被认为是"在当前恢复君主制似乎迫在眉睫，而实际上是不可能存在的事实"。

——J. 奥马利・欧尔温（J. O'Malley lrwin）

《远东评论》，1915 年 12 月

　　1915 年末，恢复中国君主制运动达到高潮时，报纸上刊载了长江中游宜昌市附近一项引人注目的发现。在一个石窟里发现了一条保存完好的巨龙遗骸，而在中国，自古以来，龙一直标志着帝王的荣耀。因此，恰逢新王朝的第一位皇帝即将登上龙座的时候，龙的出现被认为是一个意义重大的吉兆。

　　围绕着具有深刻历史意义的新王朝宪法的产生，这种古老的神秘思想理应复兴，这是很自然的事情。但这也是一个时代的特点，许多外国人，其中有一位是宪法制定者袁世凯的美国顾问古德诺（F. J. Goodnow）先生，现在正在帮助或者至少是在为君主制宣传铺平道路。因此，有特色的是，一个外国团体有幸发现了龙，并且他们立刻把这一发现描述为新的帝国政权祥瑞的"好神"。

　　这件事出现在一篇名为《中国龙化石》（又名《神龛洞采石龙记》）的文章中，文章 1915 年 12 月发表在著名的杂志《远东评论》上。作者奥马利・欧尔温先生显然有权获得调查结果的主要功劳。

　　欧尔温夫妇从夔州府启程，穿过长江著名的岩石隘路，在宜昌峡谷的上游，英国驻宜昌领事休利特（Mr. Hewlett）先生和他的妻子也加入了他们的行列。休利特先生一直在说，河的右边有一个大石窟，在平善坝税关上游一英里处。此后，欧尔温进行一次探察，他描述道：

　　　　在洞门入口处可见一个巨大的砾石，走进大约 8 码远的地方，有一块很奇怪的岩石，像一个大型爬行动物的尾巴。这种似像非像之间，似乎在中国人的想象中留下了深刻印记，因为有当地人告诉我们，这个洞曾被称为"龙穴"，据说洞深 30 公里，通往宜昌不远的龙王洞。

以前很多时候，陌生人曾经穿越洞穴，所行之路远远超过现在清晰可见化石的地方，因此可以认为，化石似乎是最近暴露出来的，大概是洞穴里的大水冲刷造成的。

我们手提灯笼，前进了大约一百码（1 码合 3 英尺），这时我们是沿着石脊行走，避开了两旁的几个水坑。石脊上一条奇特的蜿蜒小道引起了我们的注意，于是我们俯身进行了更仔细地查看。正如我们最初感觉的那样，发现我们是在嵌入岩石的中国龙背上行走。仔细观察发现，这里有六条或八条石龙蜷缩蟠绕在一起。我们点燃竹篾火把使光线更亮些，继续对散落的兽类甲片进行研究，确信这些所谓的雕刻真的是龙的化石。

我们没有绳尺，无法测量标本，于是我们决定第二天早上再回到洞穴进行测量。由于时间有限，我们只能进行表面观察。我们第二次进洞进行的计算和观测结果如下：最大化石，从头部被洞穴壁覆盖的位置到与其他样本的第一个接触点为止，长度介于 60 至 70 英尺之间。因此，可以说它的长度至少有 60 到 70 英尺，并且好像还有 60 到 70 英尺的伸展。但是由于在这一点上与其他龙化石相互缠绕，计算错误是有可能的。最后的数字必须留给经验丰富的专家，用足够的时间观察测量。

化石暴露的部位高度是两英尺。在离头部 12 到 14 英尺的地方可以看到两条部分裸露的前肢，而离同一处 40 到 50 英尺的地方又可以看到另一对肢体。头显得又大又平。看来，查验的标本很可能是草食类摩萨龙①的化石。很久以前它和其他爬行动物一起在洞穴里迷失不得出，死于饥饿。比较爬行动物的长度和它的身体的瘦弱度可以证明它饥饿的程度。

他的描述中有许多地方提示我们需要谨慎研究。除了中生代的蜥蜴类可能在现代洞穴里误入歧途并饿死、石化等不太可能的说法外，很难相信有一整群真正的蜥蜴类化石竟会如此从岩石中显露出来，头部和肢端都能被辨认。一般来说，真正化石的直接可见部分并不引人注目，但另一方面，无鉴别水平的业余爱好者的眼力——对专家来说——却有一种神奇的能力，能在无序的岩石构造中看到各种非凡有机体完整拼合的器官。

欧尔温先生的文章的四幅照片复制品也十分清楚地表明，这里提到的物体是石笋，这种石笋往往通过滴水中的石灰石沉积形成最奇异的形状。《远东评论》的编辑告诉我，其他人也注意了这些假设化石的石笋特征。

---

① 应该是 *Mosasaurus*。

为了进一步了解这件事，我写信给驻宜昌的休利特领事，他好意送给我一块"化石"供我检验。但在样本从宜昌来的路上，我接到矿务司长张轶欧（一鸥）的电话，问我是否愿意和他一起去拜访一位奉皇帝之命到宜昌来的军官，了解有关帝王龙的情况。我们坐着人力车一路颠簸，来到一座中式小房子，这所房子与其他成千上万的房子没什么不同。但是，这所房子的主人却了不起，也更值得一见：他是一位身强力壮的军人，长得丰满而英俊，蓄着旺盛的深黑胡须，举止快活，十分引人注目。这位先生用生动的手势描述了他对石窟的探访和对缠绕的"龙"的观察。但他显然认为，这件事有些奇怪。因此，他对这些现象的性质的谈论非常谨慎。

我们喝了茶，和他聊了一个小时之后，重大的时刻来了。他走进另一所房子，带回了一块"龙"骨。这是一块石灰石碎片，就像瑞典的石灰石泉华标本一样，所有的基本要素都有。这块石头是别人送给张先生的，现在存放新建的地质博物馆里，在博物馆珍品区享有盛誉。

后来，我收到了休利特领事寄来的样品，该样本进一步强化对地层石笋性质的证明。

龙的真相被揭开，古老的美好传说的结尾：作为奖赏，年轻的骑士得到了公主及其国王的一半王国。或许，这场现代传奇应该在宜昌石窟里这个神奇的怪物被杀死的时候就应当结束。但是，关于这件事，有一份中国文件，它的精妙风格和处理整件事时的坚定态度，值得引起读者的注意。这是 1 月中旬发布的诰书《宜昌石龙申令》：

> 王占元、段书云电称：据宜昌商会暨学堂员董地方绅耆等公具陈请书，内称宜昌神龛山洞，近经欧人深入探得，见石质龙形，起伏蟠回，约长五十余丈，考系上古真龙形质，蜕化成石。当此一德龙兴之日，肇造万年磐石之基，神龙石化之遗形，适蜿蜒效灵于江滨，天眷民悦，感应昭然。恩据情电呈，请将宜昌石龙发现一事予以表彰，并付史馆记录，垂示来兹，以答天麻而副民望等语。
>
> 自来国家肇兴，在于忧勤惕励，政教修明，无一夫不获。若侈谈瑞应，以为贞符，如古之神爵、凤凰、黄龙、甘露等事，实无当于治化。方今科学日新，凡事必彰其真理，讵可张皇幽渺，粉饰太平。所请宣付史馆之处，著毋庸议。惟岩峦深邃，蕴此瑰奇，古迹留遗，足供采考。应由该将军、巡按使等，责成地方官吏，妥为保护，裨资学者之研究。
>
> 予早作夜思，惟以民生休戚以为念，但使来庶豫悦，即是麻征，愿我将吏士绅共体此意。此令！

现在让我们假设，如果一切都像元月份君主制拥护者所希望的那样发展。那么，袁世凯，这个皇帝陛下，就应幸运地统治中央王国多年。假设后来西方某所大学的一位教授在 1970 年前后撰一篇题为《洪宪王朝奠基时期的中国现代主义》的论文中，不假思索地提出了这一最有尊严的诏令，作为袁世凯先进思维模式的证明，那也不是偶然的事。尽管如此，我们也许稍感满意的是，这份不重要的文件可以追溯到袁氏办公室的一个不知名的小职员那里，因为这位统治者在辛劳和日益增加的问题中，曾经草率地审阅了这份文件。

　　1916 年这一重要的年份里，有许多事情在 1 月份似乎是了不起的和有希望的，而在 6 月份，这些已经破碎。因此，袁世凯从未成为真正的皇帝，宜昌石龙从未成为真正的龙，奥马利·欧尔温先生从未被誉为新科学的奠基人。我们在他的文章中看到了模糊的科学轮廓，我们或许可以暂时称之为皇室纹章古生物学。

第 12 章
倒台的君主（1916 年 6 月 6 日）

夜晚风平浪静，新月的月牙很细，好像昏暗的天穹里开了一条裂缝。

这座城市没有睡去，它在不确定中等待着。警察在街道上巡逻，下了马的骑兵的小分队谨慎地部署在最不引人注意的地方，政府大楼设置了强有力的警戒，楼上的五色旗降下一半。

在一位日本司令官的建议下，外国公使馆区宣布进入戒严状态。奥地利人设立了沙袋路障，这些沙袋现在又被移除。英国部长下达了他的指示："一切照旧"，而他的法国同事则命令法侨妇女和儿童迁入公使馆区。

在我的小院子里，仆人们正忙着加固大门，以防士兵们失控作乱。后面房子住户是一对焦急的中国夫妇，把两个小孩留在自己的家里，他们却来到我这里，在瑞典蓝黄双色旗下寻求庇护。

在这一天，数以百计的中国富裕家庭已经乘火车离开去往天津，而那些留下的人则谨慎地做着准备以应对任何可能发生的事情。穷人的感觉和想法很难猜出，但是街上的气氛非常紧张，因为讨厌的钞票暂停使用而变成废纸。因此，生活必需品几乎断供了。

过去数月数周持续不断的紧张情绪，由于一场事故而爆发。有关这一事件的消息正在中国最遥远的角落传播。正在动摇王国危机中的核心人物，已经找到一个难以维持局面后的唯一可行的解决办法。卧病几周后，独裁者、总统兼皇帝袁世凯，因身体和精神上的极度紧张而崩溃，于今天上午 10 点半去世。

袁世凯所做的事关中国命运的重要事业，已经走到了尽头。

袁世凯，1859 年出生于河南的一个中产阶级家庭，经过军事训练后晋升为军官。1882 年，作为一名指挥官他率领的一支部队被派往韩国首都汉城，以维护中国的利益，从此他进入了公众视野。这项行动标志着中日两国在朝鲜的影响开始了一场变化无常的、充满敌意的明争暗斗。从 1885 年起，袁世凯作为驻汉城的清朝大臣，在这场斗争中一直站在中国一边。直到 1894 年，由于日本的诉诸武力，中国失去了朝鲜。袁的敌人立即把这场灾难的大部分责任归咎于他。毫无疑问，他用了几年时间，直到 1896 年，他才再次得宠，作为军队的组织者，驻守天津练兵。

两年后，袁第一次发挥制衡的作用，这种作用使他将来有时机登上王国的最高位置。对改革持友好态度的光绪皇帝，决意不受皇太后的影响。为此，他命令袁带兵赴京。但袁世凯将皇帝的旨意透露给太后的人，从而使皇帝招致反击，被终身囚禁在北京的一个岛上宫殿里。这位不幸的皇帝再也没有机会以皇帝的名义，宣泄对这位下属灾难性背叛的愤怒。但在光绪和太后去世后，袁世凯很不光彩地被已故皇帝的弟弟摄政王罢职。

在此之后，由于清朝廷受到革命的威胁，袁世凯于1911年10月被朝廷召回。他以盛大的军事仪式进入北京，以显示他是局势的主宰。他成功地运用了平衡策略，他在这方面是高手。当清政权垮台，新形势开始明朗时，他掌握了共和国的领导权。正是在巨大的内部困难中，他领导了新的时代。但另一方面，他得到了热烈的同情，并被寄予很高的期望。尤其是外国列强，1913年春天向袁世凯提供了一笔2500万英镑的重组贷款。

袁世凯开始面临的是一个分裂的王国，和一批最不愿接受中央政府管辖的各自为政的省份。经过迅速粉碎一次不成熟的议会制度尝试之后，他很快成功地将权力掌握在手中。这位中国强人在昌盛时期所实行的宗法专制，在许多方面可与瑞典国王古斯塔夫·瓦萨的执政方式相提并论。他的施政渗透到行政的所有细节，在这种管理制度中，大臣们只是总统使用的工具①。袁世凯凭借非凡的力量，肩负了巨大的负担。尽管必须承认，改革的大部分要求仍未得到满足，而且迄今为止的改革并没有完全朝着更好的方向发展，但在他去世时所取得的成果无疑是重大的。在这一点上，许多旧的有价值的东西已经被冲走，而一些新事物的特征并未发挥最好的作用。

1914—1915年，在外部困难的情况下，袁世凯带领他的王国似乎走向了更好的时期。1914年8月欧洲爆发战争时，北京有不乏悲观的预言家，他们说，没有外国势力的财政支持，中国很快就会陷入经济困境。其实这些预言完全落了空。中国政府在各个方面都履行了其经济义务。尽管情况看起来很复杂，缺乏有效的军用品，但中国保持中立的机智得却到了普遍的认可。

1915年1月，日本政府以极其粗暴的方式要求中国无条件地做出大量让步，这实际上会使中国成为日本的附属国。但这种借欧洲战争之际，中国孤立无援之时来制造一场突如其来、有利可图的政变的想法失败了。这要归功于中国策略的顽强技

①　即使是最小的事务袁世凯也会亲自督办。下面是一个有趣的例子。1916年3月，有人问及我卸任瑞典地质研究所所长和我在中国永久服务时，在最后一刻签订合同时遇到了一些麻烦。在各种"如果"和"但是"之后，我被告知，该合同的中文文本已由农商总长转交给袁批准。当时已是皇帝的袁世凯，在空白处潦草地写了一行字，大臣觉得很难确定这个批示是什么意思。与此同时，袁世凯还有其他棘手的事要处理，这一点很快就会讲到。此时，我的合同签署了，没有对这位大人物带来更多的烦恼。

巧。中国对日本人做出了一些有价值的让步，但国家的完整得到了维护，避免了一场威胁危机。袁世凯一直是被动坚强抵抗的核心人物，现在则享有空前的民望和全国拥护。

后来发生的并导致袁世凯悲惨结局的系列事件，发生的时间也太近了，无法做出公正的评价，甚至在中国人看来是如此。在这种情况下，一个外国人则满足于讲述整个事件的过程，对事件背后的部分不明原因做出某些猜测。

例如，一个公开的问题是，君主运动在多大程度上可以追溯到袁世凯的秘密倡议，或者他是否心甘情愿地接受了君主制建议①。一个事实是，早在前一年的夏末，一个运动在整个中国轰然展开，目的是恢复帝制，以袁世凯作为全中国新王朝的创始人。立宪派在革命斗争中的零星努力受到了压制，政府机关为君主制利用越来越公开。经过巧妙的分阶段公民投票，帝制得以回归，拥立袁世凯登上皇位。他先是谢绝提议，第二次则"顺应民意"。正如前面所指出的那样，不可能对袁世凯的动机给予决定性的评价。但是，除了他的个人野心，他似乎也是出于真正爱国的考虑，主要是为了保证他的继任和远离总统选举的灾难性竞争。可以肯定的是，袁世凯身处与外界隔离的皇宫里，十分盲目地相信君主制可以操纵"人民意愿"。

1915 年 12 月 10 日，隆重的投票在北京举行。当时，满族的贝子溥伦热情地号召大家聚集在新皇帝身边。但即使这种做法有效展示，政治舞台的翅膀也开始在铰链上松开。

经界局督办蔡锷（Tsai Ao）是一位充满活力的年轻官员，他在浪漫的手段掩护下从北京消失，而后出现在云南省的西南部。他曾任云南省都督，因此与那里有着深远的联系②。他联合该省的都督宣布了云南独立，并开始了对背叛共和国宪政的袁

---

① 有一个故事讲述了君主制运动的起始，其中饱含着某种悲剧性。据说一位占卜者告诉袁世凯，1916 年对他来说将是非常重要的，与他的生命攸关。而围绕在他周围的君主派则以这个预言为托词，以消除他对登上王位这一问题的怀疑。他们对袁世凯说，作为总统，他就是一个普通的凡人，可能是预言的牺牲品。但如果他成为皇帝，就能置于命运之上，可以平静地无视预言。这样，预言就成了他 1916 年垮台和死亡的根由。

② 蔡锷是一个非常能干的将军，这使袁世凯担忧，因此邀请蔡锷进京，以便更好控制他的行动。
蔡锷被袁世凯对他所做的那些闪光的表现所迷惑，但在北京，他发现自己几乎是一个囚犯，行动权力非常有限。随着君主制运动的推进，对蔡锷的控制越来越严格，最后他被两名政治特工日夜跟随。他们授命，如果蔡锷试图逃跑，就采取极端的措施。
蔡锷现在比袁世凯和他的特工更聪明。一天，他和妻子大吵一架，显然是非常生气，于是把妻子和孩子们送到天津。在天津，他们住在外国租界，相对安全些。蔡锷第二步是和他的两个跟踪者一起常去光顾低等的度假地，特别是结识了一个叫小凤仙的妓女。经过长时间的准备，有一天晚上，女子邀请蔡鄂进入她的卧房，而两个特工睡在女子的客厅里，并没有怀疑蔡锷已从后门逃走，并且已经安全地登上一艘在天津的日本轮船。
几年后，蔡锷去世，他的追悼大会在北京的中央公园隆重举行。小凤仙因协助蔡锷逃脱袁世凯的特工而被誉为女英雄。

世凯的总讨伐。中央政府匆忙集结征讨云南，开始时似乎没有多大的困难。但是，到1月中旬，邻省贵州效仿云南发动起义。在部队数量上处于劣势的两个"叛乱"省份取得了明显的成功。

接着到3月中旬，广西加入了"叛乱"的行列，而且动乱的迹象也出现在其他地区。北京的统治集团让步了：3月21日袁世凯从尊贵的皇帝位置上退出，并重新称总统。这一姿态开始时被认为可缓解局势，但叛乱省份却坚定地要求袁世凯走人。为了安抚南方而成立的责任内阁，证明是无用的。广东、浙江、四川等相继宣泄不满，北方各省也出现了动乱的迹象。四川的政府军通过蔡锷的巧妙策划，站在了一个非常关键的位置。

午门

同时，由于军工企业众多，国家财政也陷入了尴尬的境地。各省的税款尚未到位，而在日本领导下的盟国则接管了由外国银行控制的盐税。两家国有银行：中国银行和交通银行，为了维持军事行动，不得不动用储备金，但最终也无法维持下去，于是，这两家银行就以"暂停"纸币兑换为由，于5月12日停止营业。

现在，袁世凯的处境的确是可悲的。很明显，他不可能在以前的权力碎片中坚持太久。另一方面，如果他作为一个普通民众从宫殿迁出，那将是很冒险的，宫殿有他的护卫严密把守。结果，过度的劳累和紧张破坏了他健壮的身体。在最后几周里，他一直都是很好的战士。死亡使他结束了非凡的事业，也许这才是仁慈的解救，使他摆脱了更悲惨的命运。

如前所述，也许需要几个月或几年，才有可能对目前的危机做出适当的总结。你争我抢的军队互相指责对方的利己主义动机，在这两种情况下，这些诽谤在很大程度上对对方都是不公平的。极有可能是，袁世凯对显赫地位的渴望和对发达家庭的野心，又相信自己是在履行爱国义务，当时他被帝制派的陈述所误导，接受了尊严的皇权。同样可能的是，革命者以值得称道的决心，尽力阻挠帝制运动。在他们看来，这场运动有可能阻碍今后多年里真正的改革。对袁世凯作为新王朝创建者的批评，相当的严厉。据说，他对清廷的一切训练和职业生涯，对清廷的统治方式十分熟知，以至于他当政后也犯了同样的宫廷专制错误，而辛亥革命就是对此的大力反击。他非但不是共和国的第一臣民，却越来越倾向于把国家看作是一个大家族产业。反对他的一个可疑的事实是，在君主制运动时期，他的许多朋友和国家最优秀的人离开了政府，或是以其他方式表达他们的反对。这方面值得注意的是，他受到了老朋友、中国最受尊敬的老派人物之一、前农商总长张謇的严厉批评。

袁世凯有缺点也有优点，但仍是一个杰出的人物。这个灵魂坚强的小个子男人，在一些显而易见的事情上，表现出他的个性，比如他那惊人的工作能力，巨大的胃口，以及站在他的灵柩前悲伤的 12 个寡妇和 35 个孩子。

这是北京今夜焦躁不安的觉醒，明天将留给各路军阀去争斗。

饱受内战恐惧的、易于满足的、勤劳的中国人，他们的朋友一定希望新的领袖能够很快挺身而出，比起已逝的领袖，新领袖能更忠实和更成功地保护国家。已故领导人悲剧的命运是，在他的颇具争议而又权势强大的人生最高点上，受到了诱惑，旋即跌倒。

第 13 章
北京再插黄龙旗（1917 年 7 月 10 日）

去年 6 月 6 日至 7 日，在袁世凯去世的第二天晚上，我匆匆地对导致他倒台和最终去世的事件作了一个简短的总结，袁世凯无疑是当时中国最强大的人物。我现在浏览一下那时写的文字时，发现一些结尾的话"明天将被各路军阀的争斗所取代"。对这个不幸的国家来说，这些话以一种特别不幸的方式变成了现实。

袁世凯的死，被认为是中国从君主制运动给国家带来的无法容忍的境地中解脱出来了。新总统黎元洪是一位朴实的人，他因其无可置疑的诚实受到了各方的尊重。但除此之外，他几乎没有任何大政治家风度。1911 年至 1912 年的辛亥革命期间，他几乎是偶然走上前台的。

他就任总统时，人们寄予他最友好的期望，但他很快就预感到，命运给他安排的任务定超出了他的能力和远见。

总理段祺瑞是袁世凯最信赖的追随者之一。袁世凯去世后，段祺瑞成为无可争议的华北军事领袖。他被认为是一个勇敢、独立和聪明的领导人。既然袁世凯已经故去了，他应该是治理国家的最好人选，尽管他的能力主要局限在通过军事手段维护和平与秩序。

在各政党之间产生了初步的意见分歧之后，他恢复了此前曾被袁世凯彻底解散的议会。议会的活动很快变成了争权夺利的延续，一方是段总理领导下的军方，另一方是通常得到总统支持的国民党议会多数派。两派斗争愈演愈烈。

第一次灾难性的交锋，发生在中国是否应该作为德国的敌人参加世界大战的问题上。当美国与德国断交时，中国也随之发表了类似的声明。由此产生这样的问题："我们是否应该继续进入正式的战争状态？"

对于欧洲看来，谈论中国作为一个交战国参与战争似乎并不重要，因为很明显，中国不可能在欧洲以任何军事方式发挥作用。然而，对东亚局势仔细研究表明，中国参战并不缺乏对盟国的益处；另一方面，如果这种危险的行为处理得当，对中国来说可能是一件有利可图的事情。

对于同盟国来说，尤其是对于英国，中国作为对德国交战国的加入，会带来两个较大的好处：第一，可自由使用中国廉价劳动力，欧洲正急需劳动力；第二，有彻底根除德国在远东的商业活动的可能性。

另一方面，在中国参战的同时，有机会与同盟国就义和团运动时的税收和庚子赔款问题，制定出对中国经济至关重要的法规。

这些问题的进展呈现出迷宫一样的错综复杂，在这个迷宫中的中国政治是如此可悲的丰富多彩。

一方面，全国政界普遍倾向于对德国宣战；另一方面，似乎担心总理和他身后的军事集团，可能会因为与盟国达成协议而剥夺议会多数派的经济优势。

为了给难以控制的议会施加压力，段祺瑞于4月承诺举行一次各省军事长官会议，各地军阀要么亲自出席会议，要么派代表出席会议，会议证明他们同意段的战争政策。

这次军事会议未能说服反对派议会，这时议会大楼前爆发了一场几乎是暴乱性的示威。示威者手持印有硕大题词的大旗，如"华夏五民族代表"等。示威者主要由雇来的苦力和穿着平民服装的士兵组成。他们威胁要封锁议会，直到决定对德国宣战。警察一整天都被动地站在那里，但在下午，当总理成功地进入议会却被扣押为人质时，议会广场被强行清空。

这件事是一场更加激烈冲突的信号。随后的几天里，大多数部长因为抗议总理而被解职，因为总理被认为是同情议会大楼前的示威。总理不愿主动辞职，于是被总统解职了。

段祺瑞被解职后去了天津，其余的军阀各自回到他们的驻地。

几天来，黎总统似乎取得胜利。但随后传来了消息，安徽巡抚倪嗣冲宣布独立。不久之后，一个接着一个的省份宣布独立。与此同时，在天津成立临时政府，并发起了针对北京的惩罚性军事征讨，反对总统和议会。

在这一阶段，张勋走到了前台。他是长江流域各省巡阅使，还担任其他高级职务，是极其奇特的人物，一个相对于现代社会的中世纪遗物。

在中国受到如此高度重视的张勋，读书不多，甚至根据一些人的说法，就是一个文盲。凭借他的军事实力和对上级的高度忠诚，赢得了军队中最高职位之一，然后他以一种非常武断的方式巩固了这一职位，使他的地盘成为国中之国。他得到了士兵们的支持，但1913年9月抢夺南京后感到担忧。为了支付军饷，他不仅向中央政府提出了尖刻的要求，而且还在他驻扎的地区侵占了原本用于其他目的的税款。

张勋自荐作为北洋政府和天津临时政府之间调停人，即一方是总统和议会，另一方是以段祺瑞将军为后盾的各路反叛军政长官。

在一份高度赞扬张勋应受奖赏的授权书中，总统邀请他到北京。在与天津当局举行了几天的会议之后，他带着六千名深受民众厌恶和恐惧的士兵来到北京，这些半狂野的士兵们，穿着奇装异服，头上扎着辫子。警方奉命以最大的努力关照这些

巨龙与洋人

"辫子军"。剧场和其他娱乐场所接到指示，如果他们不自愿买票，不得向他们索要门票。张勋从一开始就表现得像个大帅，但另一方面，必须承认，到目前为止，他的部队一直遵守纪律。

起初，他似乎也认真地对待自己作为府院调解人的角色。总统首先被迫解散议会，这一让步违背了他早些时候誓死维护宪法原则而做出的承诺。叛乱的军事长官被诱导收回独立宣言，并撤回派遣到北京进行"惩罚性远征"的军队。在 6 月的最后几天，纷争的和平解决似乎指日可待。

但是，在 7 月 1 日晚上，霹雳炸响，张勋发动了一场完全出乎意料的政变，政变以一种专横的军事方式进行。

众所周知，多年来张勋一直同情清朝帝国的复辟，但由于当时盛行反君主制倾向，他只得郑重地保证，放弃了恢复帝制的图谋。

然而，在 7 月 1 日星期日晚上，紫禁城却被张勋的士兵占领了。胁迫黎总统辞职以求建立一个帝国，这个尝试是徒劳的。然而，反对并没有起到什么作用。在清廷最高政要申述和哀叹下，小皇帝重登龙座的仪式在黎明时举行了。不久，龙旗在政府大楼上方飘扬。同时，圣旨宣布恢复帝制，并任命张勋为首席议政大臣、直隶总督、北洋大臣。在这一令人印象深刻的圣旨中，一个引人注目的细节是，皇帝的臣民可以随心所欲，或留辫子，或留短发。这条法令可能是由张的助手康有为（一个比他在文学方面更擅长的人）撰写的。

整个北京都为这一既成事实而惊愕，所有战略要地都被辫子兵占领。张勋无疑是目前局势的主宰者。

然而，黎总统却成功地悄悄逃出皇宫，到日本公使馆避难。他借此发出两封电报，一封给在南京的副总统冯国璋，要求他担任代理总统；另一封给段祺瑞，让他复职总理。

早在在黎总统于绝望时刻寻求与对手段祺瑞将军联手之前，段祺瑞就已经开始集结他所掌握的一切兵力，准备武装反对张勋。

张勋的主力部队仍在苏北徐州的旧大本营里。第一件要做的事就是阻止这些士兵的运送，因为他们已经在去北京的路上。段将军经迅速果断的行动首先成功地让山东总督转而反对徐州的军队。随后，已经宣布拥护帝制的直隶都督也把他的军队调转枪头北上了。

在这些日子里，富裕的北京人大量地从首都逃出。每列开往天津的火车上都挤满了逃亡者，而那些不能离开北京的人则到公使馆区或他们的外国朋友那里避难。自从义和团运动遭到严厉打击以来，一些中国人一直有这样的印象，那就是外国人的家会给他们提供庇护，以防即将发生的侵扰。为了说明这种心态的实际后果，让我列举一些我的个人经历。

矿产股长把他的房子租给了我，只是为了让我在那里升起瑞典国旗。经常有5到8个中国人住在我自己的房子里。与我最近的邻居唐将军，尽管他有士兵看守房子，每天晚上还是让他20岁的妹妹到我更安全的房子里休息。张勋的私人住宅离我家只有几百米远。他现在把它建成一个坚固的营地，配备了士兵的帐篷、大炮、机关枪、汽车和行李车。整个营地在门外被沙袋路障和土墙保护着。

最近的几个早晨，我们看到有飞机在紫禁城上空盘旋。它投下了几枚炸弹，造成了比直接破坏更大的惊慌。一些恶意报道说，爆炸发生时，小皇帝从龙座上滑落在地，朝臣们乘汽车冲出皇宫，在其后的24个小时里皇太后都不敢进食。

此时，张勋的奋斗目标肯定是落空了。他派出的部队在几次小规模的交火中失利，城门掌握在共和军队手中，还有几次枪声传到了我平静的住所。

黄龙旗再次从城中消失，尽管它们仍然在张勋的营地上空飘荡。自从段祺瑞将军宣布，所有在战斗中遇到的"留辫子"的军人都将格杀勿论后，张勋的一些士兵已经剃掉了头发。段祺瑞悬赏十万元（中国钱币），用于捉拿张勋，不管是死是活。但仍在与张勋进行谈判。

是否还有和平的解决办法，是否还有连带纵火和抢劫的街头枪战？这些问题将在未来几天内揭晓。

7月12日晚，张勋复辟的冒险今天开始接近尾声。

凌晨三点半，第一发炮声响起，机关枪开始在四面八方嘎嘎作响。躲在天坛大墙里的张勋主力部队很快孤立了，一天内就被解除了武装。

天安门

共和军的先遣队穿过多个城门进入北京，向张勋的住宅进逼。东安门是距离皇帝扶植者的总部最近的入口。在一场激烈的战斗之后，共和军占领了这一重要大门。

一小股进攻的士兵爬上梯子，登上正对张家的"红墙"，并从那里向张勋家开火，但收效甚微。这时，有几处围墙被攻破，两点钟左右，大炮插进这些墙洞口，张宅很快被击中起火。在此过程中，张勋乘外国汽车逃到了公使馆区，被荷兰公使馆接纳。到5点钟时，张勋的房子已成为一片废墟。

共和军炮兵的流弹对我家南、北两面的中国房屋造成了很大损坏，我的人在院子里收集了一把炮弹片和步枪子弹。但是，在整个战斗中，警察一直在街上值勤。据我所知，几乎没有发生抢劫事件。

第 14 章
曹姓青年

　　幽暗低沉的群山环绕着一块不大的谷地平原，那里有他童年时的家。古时的山体滑坡后留下了裸露的峭壁。仲夏的一天晚上，电闪雷鸣之后，雨水顺山坡冲下，一块块岩块滑落到河里，发出隆隆的轰鸣声。

　　啊，这条河！在大多数情况下它是干涸的。有一些涓涓细流，一条弯曲的巨石带，还有砾石。在雨季，河水会像一堵滚动的墙，冲下山谷。当河水夹杂着大块岩石运动时，河水会咆哮，隆隆作响。曹的父亲在河床开垦一小块地上耕种，以此弥补他农业收获的不足。几年来，他成功地从河床地中获得了少量农作物。但是有一年夏天，大雨比平常更猛烈、更持久，地边防护墙被冲垮，洪水在耕地上冲出了一条新沟。水位越涨越高，暮色降临时，曹和他的父母、兄妹，躲到山脚下安全的山洞里。第二天，洪水退了，房子还立在砾石上，但家畜却不见了，只剩下几头惊恐的山羊。接下来的几天里，家畜在山里被陆续发现。

　　又是一个夏天，第二茬庄稼即将成熟时，蝗虫像一场大雨倾盆而来，持续破坏两天后，这些毁灭性的蝗虫像一片闪烁的云彩顺山谷而下飞走。饥饿的冬天在贫瘠的田野里对着贫穷的农民露出了狰狞的笑容。

　　一个冬天的夜晚，呼啸的沙尘暴遮掩了月亮和星星，把一切都笼罩在肮脏的黑暗中。这时，一群流窜的强盗，因为没有更好的猎物，突然出现在这个小地方。曹吓得要死，蹲在角落里，盯着那不可思议的事：他的父亲磕头跪地，说只要饶了他的命，所有的东西都可以给他们。他的母亲在撕咬着、捶打着陌生人，强盗们迫使她安静下来，开始为所欲为。

　　是的，在曹的童年里，有许多黑暗的记忆。但在许多阳光明媚的早晨，他可以和父亲一起上山砍柴，或者独自照看羊群，直到深夜才回家。他会跳进小溪里嬉戏，静看鱼群和滑稽的螃蟹；有时，他会听到野鸡的尖叫声，在山谷斜坡的灌木丛中会看到这些华丽的鸟儿；有时，他的目光会跟随雄鹿，看它在几次长距离跳跃后轻盈地跳过峭壁，不见了踪影。

　　他经常会遇到河下游来的牧童，他们一起笑看公羊的对决，笑得几乎窒息；他们会抓蜻蜓、蚂蚱和敏捷的蜥蜴；他们会惊奇地观察那些沿着小溪行走的旅行者，看到叮当的铃声、覆以鲜亮马衣的马匹、丰富的商品和闪亮的长枪。

就这样，这个男孩在充满阳光和自由的贫困环境中长大，就像野生紫丁香、黄色玫瑰、粉红色的绣线菊、艳丽的紫藤在孤独的山谷中盛开一样，大自然神秘和慷慨的手把曹变成了一个非凡的年轻人。他身材高大，肩膀宽阔，肉桂色的皮肤结实光滑，辫子在他棕色的背后飘动。他的嘴巴不大，牙齿洁白，鼻子有点上翘，在他细长的眼睑之间，目光坦诚而欢快。

在他还是个少年时，他就与河下游一个家庭里的小女孩订了婚。他很少见到她，也很少和她说话。在春节的时候，他和父亲一起去祖父坟墓前祭奠时，他想到了一个情形，那就是，将来父亲死后，他要负责祭奠。又想象有一个新小曹，到时候会去自己坟前祭奠。他计划与河争斗，修筑新的围堰，整理新的田地。

这位长着一双杏眼、翘鼻子的小丫头，却永远也不会实现她那私密的少女梦，和那个英俊的男孩同床共枕。

有一件事发生了，曹已经是一位很成熟的青年了，这件事在不经意间把他的生活引向了另个全新的方向。他的弟弟现在成了牧羊人，曹和他的父亲一起去地里干活。庄稼收获时节，有一天，他们在河对岸的小块地里搬运小麦时，一辆骡拉篷车从山谷里走了过来。曹一眼看到这是一个邮政马车，从捆在马鞍上的大袋子的标记可以看出来。

"你有个强壮的男孩"，领头的对曹的父亲说，"我这里缺个人手，让他跟我走吧。"

曹的父亲觉得这对儿子来说是个好机会。过了几分钟，事情就安排好了，曹就这样走上了新命运之路。他的母亲流下不舍的眼泪，他的父亲每天都焦急地瞭望着山谷。一周后，邮政车终于带着曹向南回来，他的脑海中充满了许多新的印象。

一路穿过山西到达省府太原，他一天又一天地奔走着，累极了。傍晚时分才到了小客栈，但他又必须在天亮之前起床喂马。

邮政车到达目的地太原府之前，他们已经路过了许多小城市。曹在这里看到了许多新事物：蒸汽机车，它能承载的重量比十头骡子承载的还多，人们坐上它行驶时速度是马跑速度的五倍；照明灯，在清澈如水的小球体里发出太阳一样的光，却没有任何烟雾；红头发、绿眼睛、穿着滑稽衣服的外国人；还有士兵，他们在封闭的场地里排成长长的队列，迈着欢快地脚步齐步行进，除此之外，不做别的事情。

当邮政车带着新的货物再次向南行进时，有一天，碰巧有一辆汽车在公路上快速行驶，没有蒸汽机车那闪闪发光的轨道，但却在后面冒出了难闻的烟雾。邮政车惊怵的骡子朝着峡谷道路边的崖壁冲去。腰别手枪的士兵紧贴汽车踏板而站，车后扬起厚厚的尘土。

其他骡夫告诉曹，车上坐的是尊贵的大帅阎大人——阎锡山，他是山西的土皇帝。曹不明白他们给这位高官这些头衔的意思，但却惊奇地听着他们对他非凡品质的描述。阎大人主政山西时，铲除了四处抢劫的土匪。山西人骄傲地宣称，全省没有一个土匪。其他省份种植和吸食大烟，在山西没有这种情况，因为惩罚得特别严厉。父母不再让女孩裹脚，她们的脚可以和男孩的脚一样自由发育。不留辫子也不会受到警局惩罚。关于阎大人，人们说了很多，但普遍认为，他是一位好省长。

邮政车队往来于北至太原府、南至黄河（Hoangho）边界站之间，曹是车队成员之一。他学会了指挥骡子的吆喝声，习惯了在晚上照料被马鞍磨伤的骡子，他和其他人一起唱歌，歌声回荡在乡间公路上。他随口而出粗鲁的玩笑和不雅的辱骂。辱骂不够用时，他会用强壮的臂膀出击。有一次在两次旅行之间，他甚至因侮辱警察而被关在衙门的牢里。

一位高官从太原府到西安的途中，从邮务处借了几匹马。曹发现自己也是随这些马匹被借的人之一。在潼关刚过了黄河，他发现来到了一个风俗习惯不同的地方。男人们几乎都留辫子，女人们都裹小脚，潼关到处都有人吸食鸦片。在通往西安的路上，初夏的田野里到处都是盛开的罂粟花。据说地处河南与陕西交界的潼关两边的山里都有土匪，士兵比土匪也好不到哪去。曹从山西带来的马匹再也没有回来，它们被军队征用了，用来运送到河南观音堂的军需物资。曹本人也被征召为新兵，送往洛阳的大兵营接受训练。他很快就被派到了更东边的开封，在那里他成为督军赵倜军队中的士兵。他学会了整齐的行进步伐和简单的徒手操。他喜欢站岗，因为当哨兵他可以想自己的事情。而其他时间，他和一群士兵会沿着城市的街道来回巡逻。在这难得的不定期的发饷之后，他和同仁一起去背街的小棚屋，在那里可以躺在炕上抽大烟。同时，有一个小女孩，额头上留着光滑的刘海，给他们唱歌，或者提供帮忙，求得一个小小的好处。因这些嗜好，曹在军队医院躺了几个月，才重回部队。与此同时，他常常想到他在石板山中的家，不知道该如何才能回到那里。

从医院出来后，他去找了一位代写员。这人坐在小摊前，为那些不识字的人代写家信。在这个人的帮助下，他把一封信寄给家乡的校长，让校长给父亲谈谈，说他希望一旦摆脱兵役，并凑到足够的旅费，就回到家乡，在田里劳作。家里没有回信，曹想知道代写员是不是骗了他，根本没有把信寄出去，虽然他付的钱很多。

据说洛阳的吴大帅是最勇敢的，他认识他军队中的每个士兵，穿着普通士兵的衣服游走于军营，他的出现使他的军队能够对抗三倍于他们的敌人。据说，作为西安独裁者的冯大帅也是一个强势的人，但他信奉外国人的宗教，信奉耶稣的教导，所以许多中国人都不信任他。在北方的奉天有另一位大将军，是张大帅，他拥有大片富饶的土地、大量的钱财，还有许多配备新式武器的士兵。

据说，赵的部队和吴、冯、张三位大帅的部队一样好，但是他们的枪支都是老旧的，赵从没有出来看过士兵的操练。

社会上一直充斥着各种谣言，直到在中国北方爆发了吴和张之间的战争。据说赵是张的好朋友，吴和冯很快就败走了。吴带着大批的士兵乘火车北上。冯和他的部队已经离开西安，驻扎到郑州，在这里开封公路穿过京汉铁路。开封此时也谣言四起，商人把他们最珍贵的东西埋藏起来，据说主要是因为害怕督军的部队，但是赵却一直待在衙门里抽大烟。只有信使进进出出，电报如雨点般落在优柔寡断的督军身上，全城尽是流言。

赵的部队大多驻扎在郑州附近，监视冯的部队。一天，两支军队交上了火。他们战斗了两天，都取得有不同程度的胜利。在第三天，赵的部队四散逃窜，冯开始向开封进发。

曹所属的旅作为督军的侍卫一直驻守在开封。他逃跑后，士兵们急忙抢夺了衙门里留下的值钱东西，还顺便在路上抢劫了一两个商人。

聚在这位逃亡的督军周围的不再是一支军队，而是一群无组织的武装分子。就连无知的士兵也逐渐意识到，整个部队就像不法的强盗被冯的军队追捕。在追捕过程中不断有冯的人从四面八方冒出来。赵所在的省，现在被遭殴打和逃亡的士兵视为敌对领土。农民遭抢劫，燃烧的村庄，烟雾笼罩在逃亡者身后的地平线上。曹和一小群人安全地逃到了河南、安徽、江苏和山东交界的一个角落。在这里，他们成了著名的强盗头目孙美瑶的人，充分利用了四省督军无法联合起来剿匪的优势，活动于四省交汇的山区。

曹随波逐流，就像他以前不愿当兵一样，现在成了一个强盗。强盗们在山里开凿山洞，筑起营垒，存放赃物，并把他们从村子里抓来的富家男女带到那里，以便向他们的家人索要赎金。征伐的士兵们始终不断地寻找强盗，强盗们不得不夜复一夜地带着他们抓来的人转移地点。这是一种动荡不安而让人倦怠的生活。到了冬天，小土屋里和山上的岩洞里寒冷刺骨。

春天来临，省里部队的剿匪力度也增加了。以前分散在山里活动的强盗，现在被迫集中在抱犊崮，那是一个几乎无法接近的山寨，只一个入口，仅需少数坚决果断的士兵就能把守。部队几乎不敢试图突袭这个强盗要塞，但形势仍然岌岌可危，因为在山顶上的强盗只有几天的食物。他们夜间下山到平原抢劫粮食变得越来越危险。土匪在村庄里仍有朋友，与围攻的部队有些交情。但土匪的处境仍很绝望。

正在那时，孙美瑶设计了一条巧妙的行动计划，这使他在盗匪中声名远播。距抱犊崮口约23公里，有一条津浦铁路连接北京和上海，这是中国最好的铁路之一。蓝色火车每周两趟，这是一辆优雅而又完全现代化的直达快车（孙计划袭击列车）。

孙在进攻前准备了多长时间，只有少数他信任的追随者知道。不管怎样，值得注意的是，在列车上没有日本人，因此土匪很容易使蓝色快车停下来。后来人们猜测，孙不仅在包围他们的士兵中和火车上有帮手，而且能将关于他的意图传得更远。

四月里一个漆黑的夜晚，孙带领一帮土匪从堡垒上下来，途中没有见到士兵。几百名土匪在很短的时间内顺利地接近铁路。北行的蓝色快车被拦停，所有乘客，其中包括26名外国人，大部分是美国人，都被命令下车。一名外国人在最初的混乱中被抢击倒，许多乘客在枪口逼迫下穿着睡衣、赤着脚离开火车。然后被押解快速返回山上。在漆黑的夜晚，那些身体半裸、惊慌失措的旅客们在土匪的押解下，在黑暗中穿过破败而多石的小径，步行16英里。虽然有些人筋疲力尽，倒在路边，但在刺刀指戳和棍棒抽打下被迫站起继续行进。

曹的身后有一个身体肥胖的小个子外国人，他呻吟着，咒骂着，这到让土匪们很开心。他们围着老外，想看一看这个惊人的猎物。曹的前面走过一位高大的外国女人，光着脚，衣衫不整，抱着她的小女儿，一言不发，毫无怨言。一开始，曹对这位女士自由而傲慢的走路姿势感到奇怪，因为她一点也不像中国人那种摇晃磕绊的样子。后来，他在黑暗中看到，那个外国妇女摇摇欲倒。他忙搀扶着她，从她怀里接过孩子。小女孩本来睡着了，但很快就被曹身上脏兮兮的味道惊醒了，她发现自己在陌生人的怀里，立刻哭了起来，她的母亲转向她。

"奈莉，奈莉，安静点。他是个好人。"

"奈莉，奈莉。"曹用他最友好的语气说。

孩子哭着哭着在曹的怀里睡着了。他怕女孩受冷，就解开上衣，把孩子搂在胸前。孩子的母亲不时地过来照看，毫不犹豫地把曹那件又脏又破的上衣搭在小家伙的肩上。

他们在一次次的催促下，疲惫不堪，脚开始流血，很是痛苦。黎明时分，他们来到抱犊崮山顶，在地下昏睡过去。几个小时的休息，他们暂时忘记了夜间突降的可怕经历。

次日白天晚些时候，当外国人围坐在城堡的院子里接受第一次检查，当强盗们发表嘲弄的评论时，脸色苍白的、半裸的外国人几乎失掉了西方人的那种冷静和尊严。第一个可怕的日子过后，日子一天天、一周周地过去，男人的胡子越来越长，衣衫褴褛，破烂的衣服里爬满了虱子，沾满了泥土。这帮不幸的人中有许多软弱和胆怯的人，也有一些坚强和英勇的人。他们鼓起勇气，利用土匪所提供的条件，尽可能地安排好这个外国群体的生活。小奈莉和几个被俘的中国孩子一起玩耍。头天晚上的帮助者曹也成了她的朋友，使她得到许多趣闻。俘房和土匪都聚集在玩耍的孩子周围，在欢声笑语中观看那个美国小女孩如何戏弄土匪。

对于往来于山上的使者们的谈判，曹所知甚少。最后，一个身体肥胖的外国人，安老爷①上了山。他的汉语讲得很流利，如同中国人一样流利，他很快就和孙及其副官们友好相处了。

夏天来了，天气闷热。一天，命令下来，允许妇女和孩子离开这座山，曹提出把小奈利送到强盗要释放俘虏的地方去。离别的时候，他给了奈莉的妈妈一把旧伞，让她和孩子遮挡阳光。从那时起，曹就常被人取笑。

最终，所有被俘获的人都被释放了，孙也达到了他的目的。中国当局不仅被迫为俘虏支付大量赎金，还接纳孙和他的手下们进入军队，安排到适当的位置。孙和他手下的一些头目成了将军，另一些人则根据他们的功劳成为不同等级的军官，包括曹在内的一般士兵则无官职。

于是，曹像一根小小的稻草，在生命的溪流中漂泊。

他在兵营里睡觉、训练或站岗。军饷很少，发到手的是不值钱的纸币。

后来，吴大帅和张大帅之间开始了一场新的战争。曹所在的部队来自各个角落，装备很差，由吴大帅统领。他在山海关北的一条狭窄地带，受到了战火的洗礼。曹所在的团埋伏在战壕里，试图阻止张大帅军队的进攻。张的部队装备精良，他们拥有众多的大炮、迫击炮、机关枪和长枪，试图突破吴的防线。

一枚炮弹碎片裂开了曹的身体右侧，但战壕里人没有时间去管他。暮色笼罩战场上时，只有少数人据守着这个阵地。

黑暗中奉天的部队发起进攻。一个士兵腹部中弹，倒在曹的身旁。虽然这两个人做了一天的敌人，但都是同一个伟大民族的儿子，并肩躺在一起。只到吴的部队被击退，夜间的战斗结束了。

这个奉天士兵让曹喝些他水壶里的水。两个年轻的士兵呻吟着，对望着。他们躺在冰冷明亮的星空下，不明白命运为什么会把他们聚集到一起。他们还没有等到黎明带来的温暖和帮助，天明前就双双死去了。

---

① 罗伊·安德森（Roy Anderson）是在中国长大的美国人，他在争取释放外国人方面做出了很大贡献。

第 15 章
悲催的统治者

从 1917 年 7 月张勋复辟直到今天，中国的政权历史呈现出日益崩溃的景象。在这种情况下，将分散的国家力量集中起来采取统一行动，这种事情并没有发生，达官贵人的影响相对来说无关紧要。在敌对的军阀中，没有一个人有力量和机会赢得支配整个国家的地位。

辛亥革命以后，被废黜的皇室获得了比较优厚的待遇，包括继续在紫禁城北部居住的权利，并获得补贴，补贴由民国财政部不定期支付。

无论是袁世凯再建帝制的悲剧尝试，还是张勋复辟清王朝的短暂努力，都没有给清朝皇室带来任何重大的变化。

紫禁城的一角是朝廷的活动场所，年轻的退位皇帝宣统就住在那里。在紫禁城的北后门，人们可能会在皇家盛宴上，看到昔日辉煌的苍白映象。清朝的王公贵胄，或坐轿，或乘老式北京马车、单匹马拉车，或乘汽车，相继到来，显示他们对宣统的顺从效忠。透过车窗可以看到那些带着长期退化痕迹的精细的面孔，或肥胖而憔悴的太监容貌。帽子顶部缀以纽扣，背面饰以孔雀羽毛的清廷官帽，老式的华丽服装。但在民国的新社会里，这一切都是过时事物。

1911 年辛亥革命时，只有五岁的宣统，在本国老师和外国人庄士敦先生的指导下长大。庄士敦先生是一位受过良好教育的英国人，他对文学和文化有着浓厚的兴趣。

1922 年 12 月，宣统同时迎娶了一个皇后和一个贵妃。这位前皇帝的追随者们对这一切的后果知之寥寥，他们还在利用这一机会，以古代宫廷礼仪进行了仪式。外国使节也被邀请到婚礼现场。

1924 年 10 月底，冯玉祥发动政变，一个与苏俄有联系的极左政党控制了北京，新统治者决定彻底结束明显陈旧且无权的影子朝廷，因为这个清廷仍然具有诱惑风险。

这一天，末代皇帝及其小朝廷被毫不客气地赶出紫禁城，宣统被取缔了帝号。从此，他变成了平民溥仪先生。在此情况下，遗留下来的古代辉煌，如家具和艺术品都被没收，这些事成为争相讲述的奇谈怪事。

溥仪起初住在北京他童年时期的家，但是冯玉祥对他的态度越来越具威胁性。

因此，他先到日本使馆避难，后来躲到天津，在那里，他的生活环境很恶劣。

曾经骄傲而强大的清朝皇权陷入了一个无足轻重的境地，奇怪的命运注定 1924 年那次驱逐皇帝的粗暴政变，像吹散谷糠一样驱散了腐败的政府残余。

自 1911 年辛亥革命以来，在北京的各届议会几乎没有进行过建设性的重组，却主要致力于政党纷争。1923 年议会腐败达到顶峰，曹锟以多数票当选为总统。众所周知，贿选起到了决定性作用。

1924 年 10 月，冯玉祥罢黜并软禁了曹锟，这一多数派的议会被蔑视为一个平庸的"猪仔国会"，驱逐前皇帝的无情之手也驱散了受诅咒的国会。

毫无疑问，在民国成立的头十二年里，议会制的试验是一连串的希望破灭。如果中国要把自己的命运交到有希望成功的国民议会手中，那么它必须是一种新的、更纯粹的类型，由无私的爱国主义者控制国家，而不是那些只考虑个人利益的阴谋家。

如果我们把平淡的议会历史转向共和国最高职位的现任总统，可能的话，我们会看到一幅更令人沮丧的画面。这个国家最杰出的人物热切参选的总统职位，似乎不是一个健康的职位。那些在早期职业生涯中赢得了敬仰和荣誉的人，在民众满怀期待中走马上任，但很快就表现出无能为力，只能悲惨地结束自己的总统生涯，或者被某个精力充沛的军阀赶下台。

在很多方面袁世凯都是很好的例子。清朝垮台后不久，他担任了中华民国的第一任总统，当时空气中弥漫着春天般的梦想，人们乐观地期望新的时代会轻而易举地到来。袁世凯就像清朝一样把全国置于他的控制之下，各省要向北京缴税。他还有一笔 2500 万英镑的外国"重组贷款"可以支配。一开始，他遇到了来自第一届议会对借款的坚决反对，但他通过巧妙的偏袒和威胁，成功地摆脱了麻烦的立法机构，然后用独裁者的强硬手段领导这个国家。

曾几何时，他通过巧妙的外交手段成功地阻止了日本臭名昭著的《二十一条》要求束缚中国的企图，袁世凯的声望也因此大震。如果他没有听从奉承者和冒险者对他耳语，说他应该当皇帝，而不是继续当总统来治理这个国家，那么，真正的公众舆论也许最终会授予他帝王头衔，作为对他的拥戴。事实上，他和他的幕僚们在推行君主制的过程中，遇到了各方强烈的反对。最终，他于 1916 年 6 月 6 日去世，这是摆脱无法维持的局面的最简单方法。

黎元洪年轻时曾在张之洞手下当过军官，后来到日本学习军事科学。革命爆发之时，他在武昌身居要职，被少数亡命之徒逼迫成为革命领袖。当革命顺利完成，清皇帝被迫退位时，他被选为共和国副总统。袁世凯统治国家期间，黎元洪住在紫禁城以西湖中岛的宫殿里，那里是闻名的光绪皇帝放逐之地。在这段时间里，黎元洪过着与世隔绝的生活，远离袁世凯的君主野心。

袁世凯去世后，黎元洪自动接任总统一职。他被寄予厚望，人们认为他是一个真正致力于共和政体的正派人。然而，很快就显示出，他的治国才能远不等同于他那无可争辩的高尚和善意的意图。一系列战术失误之后，他被张勋以一种相当耻辱的方式罢黜。这是一个悲惨故事，我在"北京再插黄龙旗（1917 年 7 月 10 日）"一章中提到过。

黎元洪首任政府的副总统是冯国璋元帅，他曾担任江苏都督，治所在南京，拥有重要管辖的长江沿江省份的权利。因此，一度在中国内政中发挥过重要的平衡作用。张勋复辟失败后，冯国璋在 1917 年 8 月 1 日开始担任总统，但不久后，就显现出他也不适合这一重任。他一年后去世，他的儿子们对其财产争执不下，这位一年前还是中国强者的冯国璋，舆论不再给予更多的关注了。

接着，徐世昌当选为总统。徐世昌其人在继任总统职位时，可以被称为中国"政界老手"。在帝制的最后几十年里，他接连担任了中国几乎所有高职，内政总长、交通总长、协理大臣、军机大臣和皇帝监护人。革命后，他在最后一个职位上起到了废黜皇帝和保护清廷这一特殊作用。在某些情况下，为了救济一直处于经济困境中的前朝廷，他还成功地对掌权者说一些有利于前朝廷的好话。

徐世昌从 1918 年 9 月 4 日起担任总统，至 1922 年 6 月 1 日止。这是一个财政困难日益加剧的时期，中央政府没有从各省获得税收，相反却不得不将其有限的大部分资源让给那些争权夺利且影响京城的军阀。徐世昌坐在宫室里，两次听到了加农炮声。第一次是在 1920 年，曹锟，或者更确切地说，是他的部下吴佩孚联合张作霖，一起击溃了当时掌权的安福系；第二次是在 1922 年，吴佩孚在首都附近以压倒性的优势击败了张作霖。据称，在这些关键的日子里，"老徐"玩了个双簧。结果，吴佩孚命令这位老绅士迅速消失，否则将被强行解职。徐明白这个暗示，于 6 月 1 日卸任，第二天便去了天津。

黎元洪被召回又任总统，但这一次，他的退出也十分不光彩。除了张作霖和吴佩孚外，一个新的人物，信仰基督教的将领冯玉祥，军事地位迅速提升，他的军队驻扎在北京附近，能够对首都的政治命运产生直接影响。1923 年春、夏，人们普遍希望曹锟能就任总统，但是黎元洪却出面阻挡。黎因此成为众矢之的，如果没有冯玉祥的默许，这种压力是黎元洪不可能承受的。最后，可怜的黎元洪家中供水供电被停止，家中电话线也被割断。他终于屈服，回到他在天津外国租界的家。

曹锟是位富有声望的将领。一些主要将领，如吴佩孚和冯玉祥，都毕业于他办的军校。他曾任陆军第三师师长，后来在吴佩孚手下名声大噪。1917 年至 1923 年，他是家乡直隶省的督军，那段时间的后阶段内是直隶省、山东省和河南省的巡阅使。

张作霖和吴佩孚

曹锟素有善良、正派的美誉，但他却越来越多地受到弟弟曹锐的影响。曹锐被认为是邪恶天才。这位胞弟和一些没有良知的政客发起了一场让曹锟竞选总统的运动。1922 年 10 月 5 日，他们通过慷慨且分布广泛的贿赂获得议会多数的支持，达到了他们的目标。

曹锟的当选没有持续长久，而他的垮台比他的前任更具戏剧化。1924 年 10 月 22 日，冯玉祥进入北京，发动了一场驰名的军事政变。他首先攻击并软禁了曹锟，曹锟因巨额贿选总统受到调查和判刑威胁。

曹锟倒台之后，当时的合作伙伴张作霖和冯玉祥将军则呼吁段祺瑞组建临时政府，让段祺瑞任国家的"执政"。段祺瑞是一个老将军，服务于清廷，在清廷的最后阶段和袁世凯统治时期赢得了普遍的尊敬。在争夺统治权的敌对军阀的拉锯战中，他无力应对，最近被迫放弃"临时执政"的职位。

在上述时期，总统在许多情况下对事件的进程没有多少影响，并且大部分行政权至少明显地掌握在内阁，这些内阁的类型和组成人员差异很大。在这些变化迅速的政府中，有许多非常有能力的人，他们受到拯救国家免受痛苦的积极愿望的启发。在外交事务方面尤其突出，外交官如颜惠庆、顾维钧、王正廷等，表现出与不次于西方外交官的最好的一面。

财政总长的职位一直是个困难的位置。没有各省的支持，同时还有这个或那个军阀总是要钱，不幸的现任者李思浩面临着不可能完成的任务。因此，他常常不得不躲在朋友那里，才能避开咆哮之熊，得到一点安静。

应该说，作为政府的反对派，军阀经常抗衡总理。这些军阀，即使他们个人是杰出的人才，也很少担任适合的职位，除了他们受到北京以外的一些更大的军阀的青睐。另一个令人遗憾的事实是，特别是最近几年，政府的组成往往是各派别之间妥协的结果。此外，一些军阀往往安插代表作为眼线，代替有作为的部门首长。

敏锐的读者肯定已经形成了清晰的概念：为什么在袁世凯死后，这个国家遭受到持续解体。在这段时间里，所有建设性改革的障碍都在于，这个国家被分裂成了松散的、不断变化的小王国，每个小王国都隶属于一位大军阀，他们要么藐视北京，要么更糟糕的是控制着总统和内阁，或者在极端情况下扮演着一种对抗政府的角色。

为了描述这些军阀的统治，我们不妨从一个职业不是军人的人物开始，尽管有一段时间他是广东军队的总司令。我指的是孙文（或孙逸仙），这是欧洲报纸上的最常见称呼。1892年，孙先生在英国教会医生的指导下学习医学，并在香港取得了博士学位。他在澳门和广州行医一段时间，但很快就成为一名活跃的革命者。1896年，他抵达英国后，被强行拘留押往清政府使领馆，将被作为危险人物遣返中国。然而，孙成功地把一封信扔出窗外，从而引起了伦敦当局的注意。结果，经过几天的讨论，他被释放了。

武昌革命爆发时，孙逸仙还在英国，但他匆忙回国，被选为新成立的中华民国临时大总统。然而，他不得不让位给工于心计的袁世凯。1921年4月，他被在广州成立的非常国会选为非常大总统，但他试图维持一个社会主义或更接近布尔什维克主义的南方政权，却很少取得成功。1922年夏天，他被一位曾与其结盟的军阀赶下台，但1923年2月，他又在广州掌权。在一年的时间里，职位对孙逸仙来说变得太温暖了。当冯玉祥在北京发动政变时，孙中山接受了去往北方首都的邀请。然而，他在途中生了病，病情越来越恶化。12月31日，他到达北京时，无法接受左派为他准备的热烈欢迎。在北京，他未能参与任何政治活动，于3月12日去世。他的葬礼在紫禁城西南部的中央公园隆重举行。命运注定，这位杰出政治家的整个职业生涯都要在一生与之斗争的首都结束。

　　孙逸仙是一个理想主义的血热分子，几乎没有接触政治现实。与中国的其他"独立"地区的领导人相比，他是忠实的具有激进思想的标杆。

孙中山
（照片由吉斯通电影公司拍摄）

　　东北"无冕之王"张作霖，在各方面都与孙中山截然不同。我从未听说过张作霖有过什么特别的政治主张。据说，只要提出恢复清王朝的问题，他都会对此怀有深切的关注。但人们很可能相信，只要场合适当，他会随时准备好把皇帝从形式上拉下马。张作霖的出身有些模糊。日俄战争时期，他第一次引起人们的注意。当时他作为匪帮（红胡子）的头目，在满洲里为日本人做侦察工作，并进行了不少有利可图的游击战。日俄战争结束后，张作霖及其匪帮被招抚加入了中国军队，在那里获得了迅速的晋升。1911 年，他成为奉天（东北南部）的督军，并于 1918 年成为全东北的巡阅使。1922 年 5 月，他的军队朝北京挺进时，被吴佩孚击败。1924 年10 月，张、吴两个老对手再次在山海关相遇，进行了姝死战斗。张作霖岌岌可危之时，背叛吴佩孚的冯玉祥拯救了他。去年冬天（1925 年末），张作霖的权力天平倾倒，当时他手下的一位年轻将领郭松龄，突然以最大胆的方式反抗主子，向奉天进逼。当时，如果没有日本控制"南满铁路"的规定，让日本人有权支护其老朋友张作霖，以便他有时间重新组织防御，这一切就只能靠张作霖自己了。现在郭松龄不能实施他所仰仗的袭击，计划破灭。这次对张作霖来说看起来很危险的作战，以郭松龄和他的妻子被俘和处决而告终。这时，张作霖比以往任何时候都更加安全和强大。他的军队驻扎在北京附近。在那里，他与其老对手吴佩孚临时联盟，试图瓦解冯玉祥的抵抗。

尽管张作霖与吴、冯进行了多次较量，但在他的统治下，东北的农业和商业发展取得了巨大进步。东北可能被认为是当时治理最好的地区之一，这无疑在很大程度上要归功于张作霖。他自认为是全中国的救世主，但把全国团结在一起的路还有多远，却是令人怀疑的。只要他坚守自己的领土——东北，他就一直很强大，但他的野心"在长城内"曾两次以可悲的方式破灭，分别是 1922 年和 1925 年。

巨龙与洋人

吴佩孚就是曹锟的学生，跟随他担任第三师师长。在吴佩孚的指挥下，第三师以纪律、主动性和勇气获得了独特的声誉。吴佩孚及其第三师于 1918 年春天第一次引起人们的注意，当时他们被派往湖南，为北洋政府夺回了岳州和长沙这两个城市。

1920 年夏天，吴佩孚和他的军队来到北京，与安福系作战，安福系当时正试图把国家的天然优势拱手让给日本人。安福系的惨败，主要是吴佩孚的杰作。

1922 年春，张作霖的军队推进北京，"东北虎"的力量空前强大。吴佩孚和他的部下也因此来到首都，决心与装备精良的奉系军队①进行看来毫无希望的战斗。日复一日，城里听到奉系部队重炮的轰鸣声，前线传来的公告讲述了吴佩孚军队的胜利。

然后，突然发现入侵者正在进行疯狂的逃窜。吴佩孚的主力部队不断轰击，一个小股部队包围了一座山。这支部队在后方开始对张作霖的军队发动背后攻击，整个傲慢的奉系军队在几个小时内就溃败了。

吴佩孚现在取得的功绩让我想起了我们瑞典英雄国王最大胆的壮举。在北京以南的丰台铁路枢纽处，吴佩孚召集了数百士兵，登上了一列火车，这列火车是张作霖逃跑时遗留下来的。在少数士兵的护卫下，他骑马去往天津。撤退的奉系军队正在铁路沿线行进。吴佩孚一行穿过这条路时，被大批逃亡的奉军包围。如果有一个奉系高级军官头脑清醒的话，吴佩孚就完了。吴佩孚到了天津，仅这一个事实就足以吓倒张作霖的军队。于是其残部从四面八方涌来，不能自制地投降了。

我的一个中国朋友去天津看望吴佩孚，他们在火车车厢里见了面，当时他在等

---

① 在这里，与东北的蒙古族、奉系无关，而是指来自奉系的部队、炮兵等，换句话说，是由中国人、蒙古人和"白俄人"组成的张作霖奉军。

待战斗胜利。当我的朋友来到车站时，吴佩孚正在睡觉，他的参谋长接待了来访者。他谈到了从未被打败的第三师，谈到了吴佩孚在战场上的勇气和冷静。

在谈话期间，两名被俘虏的奉军师长被带上了火车。他们预料到了最坏的情况，但是吴佩孚的参谋长让他们洗个澡，然后叫他们坐下来一起吃饭。睡醒了的吴佩孚走进了餐车，非常冷静地坐下来和被俘的敌人交谈。

他现在处于权力的顶峰，但从未想掺和政治。相反，他回到了他在河南省洛阳的军事据点，在那里继续练兵。

与此同时，张作霖也从惨痛的失败中吸取教训，毅然转向改革和扩大军队。1924 年秋天，吴、张两位对手部队在山海关再次遭遇时，张作霖已比两年前在北京时还要强大得多。他的军队在寒冷的季节有精良装备，此外，还有迫击炮和其他高级军械。这场冲突相持了多日，双方都没有取得决定性的优势。

接着是冯玉祥对吴佩孚的背叛。冯玉祥是吴佩孚的下属，任第三军总司令，按计划井然有序地向热河方向进军。但吴佩孚与张作霖的主力交战后，他却向北京强行进军，对吴佩孚在天津的军事大本营构成了可怕的威胁。

吴佩孚急忙乘快车赶往天津，以便安排后方防御，但努力失败了。他登上了一艘政府船只，逃往长江流域。吴佩孚离开后，他引以为傲的第三师在山海关的后防行动中被歼灭，后来，在装备精良的奉系部队进攻之前，整个防御体系就崩溃了。

经过一年的退隐生活，吴佩孚再次成为中国的领头羊之一，并暂时与他的宿敌张作霖联合，以图压制冯玉祥。

吴佩孚身上有一种不畏死亡的勇气。除了 1922 年 5 月他乘火车去天津的壮举，他最显著的功绩是救援长江流域湖北省西部的宜昌市。在这个城市里，吴佩孚军的一小股守备部队受到了四川军队的强大压制，城市的陷落似乎只是按天或按小时计算的问题。当时在武昌的吴佩孚，匆忙带着几百人乘坐一艘内河轮船赶往救援。他在最后一刻到达，当时敌人已经占领了多处城堡。吴佩孚和他的少数士兵对宜昌的军事力量的增援并不重要。然而，他的推理是正确的：只有领兵者亲临战场，才能使守军跟随他去反击。几个小时后，宜昌终于得救了。

吴佩孚也拥有绝对诚实和忠诚的好名声。当曹锟圈子里的人贿赂国会而确保获得总统头衔时，吴佩孚在洛阳保持沉默，原因只是出于对他的老上司曹锟的考虑。

然而，这可能会让人质疑吴佩孚在多大程度上能够成为统一中国的人。人们的印象是，他首先是一位优秀的军事领导人，是一位少有的勇敢的人。但是，对于能够成功成为领导人来说，他缺少管理者所需的能力。但更不用说是一个能够成功地成为领导国家所需要的管理人员。如果他自信有政治家的能力，似乎 1922 年 5 月他压倒性的战胜张作霖，受到人们极大的钦佩、爱戴和恐惧时，他可能就会直接去北京。北京的大门向他敞开着，他可以在那里不被反对地执掌大权。

吴佩孚在各个方面都是最有吸引力的了不起的军事领导人。他的优势在于他是一个有民族主义思想的中国人，不依赖任何外国势力，不像张作霖仰仗日本、冯玉祥仰仗俄罗斯那种依附外国势力。

冯玉祥，一位"基督教将军"，是一种很难描述的独特的类型。在我看来，那些把他捧到天上的人，以及那些把他看作变节的人，似乎都是不公正的，冯玉祥是一个好与坏的混合体，两者都以巨大的比例表现出来。

冯玉祥最大的功绩是他的士兵，他们在中国有着独一无二的优秀。那是 1924 年 10 月 23 日政变后的几天，一天晚上我在北京城墙下认识了他们。这些士兵不仅纪律严明，在他们中间你会感到绝对安全；而且彬彬有礼、乐于助人、睿智。他们像乖孩子一样坐在一辆敞篷行李车边上，饶有兴趣地听着我们描述甘肃之旅。

人们到处都能听到对冯军的好评。可以肯定地说，能够培养出如此优秀士兵的人，他一定有很多优点。

冯玉祥作为军事长官来到陕西西安时，据说他要求站街女（妓女）48 个小时内离开该城市，并严惩吸食鸦片。当他以同样的身份来到河南省会开封时，他不仅反对歌女和售卖鸦片者，甚至反对穿戴丝绸服装。有许多确证的证据表明，他是一个有暴力倾向的狂热分子。

冯玉祥最使人诟病的是 1924 年 10 月背叛了他的长官吴佩孚，当时他还袭击了他的老上司曹锟。对中国人来说，忠诚是理所应当的。冯玉祥对这一美德的冒犯使广大受过教育的人对他失去了信心。

然而，如果我不补充什么为冯玉祥辩护的话，我就不应该对冯玉祥不那么公正了。首先是冯玉祥个人的感觉：他认为自己受到了吴佩孚的虐待，所以复仇是人之常情。冯玉祥还声称，吴佩孚的装备很差，不如张作霖。因此，为了防止无谓的流血，他才以政变的方式结束战争。相反，我们可以断言，去年冬天之后，冯玉祥无视人命，毫不犹豫地突袭和占领了天津。这在中国最近的内战中是绝无仅有的。

冯玉祥是我唯一亲眼相见过的一位伟大将军。那是在 1925 年 4 月，我即将离开中国之前不久。我提交了一份关于对蒙古西部和中国新疆进行地理水文调查的提案，内容是商议用广泛的灌溉工程将沙漠变为耕地的可能性。冯玉祥对这个计划很有兴趣。所以，当伟大的外交家王正廷博士去张家口拜访他的朋友冯玉祥时，邀我同去。

我读过很多有关冯玉祥简朴生活的资料，但是我所目睹的超过了我的想象。这位大元帅住在我们的同胞拉尔森（Larsson）设计的简易住房里，那地方曾被装修过，可以供人居住。在这些小木屋周围，有许多拿着刀斧等武器的哨兵走来走去。但是冯玉祥住的院子里却一片宁静祥和，他的孩子们在爸爸的窗前玩耍。

冯玉祥看起来很悲观阴沉，他自言自语说，自己几乎没有时间去考虑那些我前面提到的那些遥远的问题。我回家的时候，总觉得自己拜访了一个极不快活和孤独的人。

据说，现在冯玉祥正在从莫斯科访问回国的路上。莫斯科的访问将巩固了他与苏俄同志的合作。与此同时，他的军队正在北京北面与张作霖和吴佩孚的联军作战。

中国的内战将持续下去，直到出现一个领导人显示出自己有能力击败所有的对手，并统一全国。我不知道这将会是张作霖，吴佩孚，还是冯玉祥。也许未来的这个人现在正坐在大学的课桌前，或者在一位大军阀手下当年轻军官。在现在这种情况下，内战还会在几年内持续加剧。

第 16 章
春天的征兆

当军阀相互争斗、背叛和规避时，当和平的乡村遭到破坏，城市也被掠夺，国家的农业人口的花朵在自残冲突中被摧毁时，有一种精神力量在发挥作用，这种力量使人民在思想上做好准备，以适应人们迫切需要但却又难以想象的条件，这些条件将在一个新的领域内形成。

宗教、社会和文学复兴是新精神春天的前兆。春天还没有到来，更确切地说是因为一些内部分歧，在困难时期把强大的人带上了前线。对一个强大而受人爱戴的祖国命运的焦虑，以及对一种高贵的古老传统文化可能受害的恐惧，已经导致创造性精神远离日常生活，将通过文学改革、宗教觉醒和社会实验，为人民做好准备。人们特别注意的是要让年轻人的思想适合于中国的预期复兴。

必须做些什么！这种感觉现在正主导着中国知识界。经过对动乱和分裂的反应，这种感觉激发了中国精神生活中普遍存在的强烈的冲动。

争议的声音很大，其中有的声音非常刺耳。但是人的思想已经觉醒，旧的文体已经不复存在，科举考试也已废除。年轻人正站在时代大门口，寻找他们可以归于其下的新旗帜。

这些现代精神倾向中带有宗教信仰性质。现代中国并不像许多西方人想象的那样，是一片无法无天、忘记圣贤的异教徒土地。在那里，一群有雄心的和自我牺牲精神的传教士努力在人民的精神黑暗中点燃一支小小的蜡烛。

今天，中国正在努力寻求精神上的支柱。而这一点，不仅仅在基督教传教士中找到。

一场以孔教为主题的争论正在激烈进行。孔教是孔子的道德教育，有两千多年的传统支持。许多现代思想家认为，孔子以其对祖先的崇拜、对祖先权威的无限奉献及对个人主动性的束缚，在很大程度上造成了中国文化的过时。然而，另有一些人，则试图为儒家的学说注入新的活力。

民国初年，有人试图将孔教作为中国国教，这种努力没能成功，但新儒学并没有停滞不前。在北京的孔庙里，设立孔子大学的计划，在军队中设置儒教导师，尤其是阎锡山督军在太原建造"自省堂"，在那里，这位统治者在他与世隔绝的理想环境中，在膜拜孔子时刻亲自带头，所有这些都证明了古老的民族道德学问的活力。

我们可以从儒学复兴适当地转到新佛学，其领袖是来自浙江天童寺的太虚法师。正是他的努力使佛教与现代社会运动联系起来。这所新佛教学派在浙江、江西有着特别稳固的立足点。在许多城市，人们正在修复旧的庙宇或建造新的庙宇，佛教经文以新版本出版，还有一些杂志阐述了新运动的意义。

1922 年夏，在江西九江市附近的庐山牯岭，举行了一次由太虚和尚主持的佛教领袖会议。在这次会议上，挪威传教士艾香德（K. L. Reichelt）应邀就基督教与佛教的关系发表了演讲。

即使是中国三大宗教中地位最低、最富迷信色彩的道教，也显示出新的精神力量。在道教界，道院运动取得了一定的进展。这是儒教、佛教、道教、伊斯兰教和基督教的结合。

在中国，除了这些大的信仰外，还有许多小教派，它们往往是为了某种特殊目的而形成的：保护社会理想，保护国家不受腐朽的王朝或可恨的外国人之害，预防疾病、饥荒和洪水。在这些圈子里，人们常常发现一种浓厚的宗教情感，许多优秀的基督教改良者都来自这些圈子。

与宗教运动形成强烈对比的是激进主义，激进主义现在正在迅速蔓延，特别是在学生中传播很快。

学生在积极阅读易卜生和尼采及其后来的其他西方作家著作，布尔什维克的观点在学生中广泛传播。任何教条都不是不变的，每一个传统真理都会受到质疑、讨论和重估。反资本主义、反宗教、反家庭传统等各种各样的活动都非常流行。

为了让学生接触到最先进的西方思想，北京成立了一个讲学社，邀请各国最重要的知识分子领袖来中国讲学。

哥伦比亚大学的著名教授约翰·杜威，在中国生活了两年，并在许多地方讲课，众多的听众全神贯注地听讲。英国哲学家和数学家伯特兰·罗素在北京住了一年，以传播他在社会和心理问题上的激进思想。他的访问，还促成了罗素协会的成立，使其朝着大师所指引的方向工作。德国心理学家汉斯·德里施（Hans Dryesch）是第三名被邀请的人。然而，当老年的印度诗人拉宾德拉纳特·泰戈尔来华站在拥挤的房间里，面对热情的听众时，成为最火爆的场景。他的泛神论思想激发了学生们的热情，直到他体力不支不得不终止他的演讲之旅。

渴望外国知识的冲动的年轻学生，在唤醒民族自我意识的同时，在 1919 年，他们第一次有机会帮助把祖国从外国掠夺者手中解救出来。

今年春天，从欧洲传来消息说，巴黎和平会议把德国以前在山东攫取的权益转让给了日本。当时在北京有一个亲日的部门，属于所谓的安福系，其成员通过接受日本的国家贷款，挪用作个人报酬。作为回报，中国许多最宝贵的国家资源用来作为担保交易。

巴黎和会通过的关于山东问题的决议在北京为人所知后，引发了一场愤怒的风暴。5月4日上午，代表着33所学校的1.5万名学生组成游行队伍，通过街道。他们想寻求外交总长的帮助，但被拒绝进入使馆区请愿，于是他们去了交通总长曹汝霖的家，与他算账。曹汝霖被认为是安福系中充当日本工具的第一人。此时，曹汝霖正和另外两个"叛徒"，即财政总长陆宗舆和中国驻日公使章宗祥，坐在屋内桌旁。学生到来之前，曹汝霖和陆宗舆成功地从后门溜走了，但这三个人中罪责最轻且不走运的章宗祥受到了严厉惩罚。曹汝霖的房子赵家楼也被放火烧掉。

此时，政府试图惩罚学生，但在校长和教师的支持下，北京的学校宣布进行一次总罢课。学生的下一个行动是进行系列街头演讲。按照精心的安排，北京街道每百米就有一名学生站在路边，向路人进行反对日本、反对安福系的演讲。这场运动迅速蔓延到全国各地，相继一个接一个城市，学生开始了类似的示威活动。街头演讲轰轰烈烈地进行，因此，政府决定逮捕参与者，并在大学宿舍扣留了1000名学生，在那里他们受到警察的监管。第二天，数千名学生来到宿舍，要求与被捕的同学共命运。警察试图把他们驱赶走，但在傍晚时分，他们背着成捆的睡衣来到这里，准备睡在宿舍前的露天广场上。警察被学生的行为吓得目瞪口呆，于是与政府进行了电话交流。结果释放了被扣留的学生。由于这次胜利的示威，被认为在安福系中负有最大责任的三位总长被迫辞职。

就这样，学生达到了他们的首要目标，但是他们继续活动，在商界赢得了重要的盟友。对商界来说，这会造成相当大的损失，但店主们还是加入了抵制日货的行列。这场运动迅速蔓延，对日本在中国的贸易构成了严重威胁。因此，日本认为有必要与北京进行外交交涉。抵制日货的另一个意义，它不是针对所有日本商品，而是针对日本"劣质商品"。

这些民心所向的结果是，出席巴黎会议的中国代表感到，他们得到了必要的道义支持，因此拒绝签署把德国占有的山东领土割让给日本的和平协定。这一拒绝导致了1921年日本在华盛顿会议上同意将其占领的山东归还给中国。

1919年，中国学生第一次展示了他们在争取民族独立斗争中的力量。从那时起，学生运动日益强大，并成立了一个组织，以确保任何针对中国的行动立即导致全国各地的学生团体采取抵制措施。外国人终于有机会从"上海五卅运动"一章所描述的相关事件中进一步了解到这一点。

学生运动绝不是无可非议的。最近几年，常常发生学生罢课事件，抗议他们的校长或不喜欢的教授，其实他们最好还是安静地学习为好。很可能有人会怀疑，学生思想中强烈布尔什维克色彩与中国人民的政治、经济和社会性质有多大程度的协调性问题。很容易理解的是，学生们容易突然激动，对国家遭遇的不幸感到完全绝望，采用俄罗斯特工提供的极端学说的最后手段。但我看起来，中国人性格如此温和，很可能会找到其他解决自己民族问题的办法。

在他们的所有行动中，学生们已经成为中国争取民族完整的斗争中的一股力量。尽管学生运动过激，并缺乏成熟的判断力，但出于理想主义的动机，这与督察长的武断行为和职业政客的阴谋形成了鲜明对比。

中国近代的学生运动的趋势主要是政治性的，其目的是反对外国侵略，反对被认为是对公共事业背叛的国家领导人的行为。科学研究和社会调查也为中国精神生活中的这一新现象打上了印记。1917 年以来，出现了广泛多样的期刊文章，部分是作为特殊团体或其他社团的喉舌。这些出版物形式是最现代的，涉及广泛不同的主题，但主要是具有一些文学、社会和科学性质。

在特殊的诱惑下，学生们怀着强化人民精神抵抗力的强烈愿望，把精力转向帮助大众启蒙，特别是把一些读写知识传授给社会底层的广大文盲。对各种简化字进行了生动的实验，开设了"千字文"等课程。学生和教师将业余时间用于为需要学习和渴望学习书面语基础的劳动者、车夫和其他人免费授课。

这种形式多样的运动以爆炸之势在学生中传播开来，如果不了解始于 1917 年的文学革命及其对现代中国精神生活的深远影响，这种运动的发展将是难以理解的。

直到最近，在官方圈子中，仍然存在着一种非常特殊的情况，即在官方文章、科学论文、文学作品，以及官员与其他受过教育者之间的书信中使用书面语言，这在我们时代开始以前是一种死气沉沉的语言。公元前 120 年（汉代），宰相公孙弘在祭奠皇帝时说："皇帝的谕旨和法令，无论多么优雅，多么睿智，都是教育程度较低的官员所无法理解的，因此也无法向人民解释。"

两千多年来，官方语言一直是一个刻板的文学宝藏，被文人小心翼翼地守护着。它隐藏在公开科举考试的背后，对典籍的掌握和官方语言的使用成为公众升迁的唯一的敲门砖。

1905 年 9 月，颁布圣旨，废除了旧的科举制，扫除了一个普及写作的巨大障碍，为现代教育奠定了基础。但是，文言文仍是书写和印刷的正式媒介。因此，值得关注的是，我的论文《中华远古之文化》，其中描述了我对史前中国的首次调查，因此是一部现代考古学作品。关于它的汉语文本，体现在 2000 年前普通人一个格式刻板而一般人无法理解的文言文中。这篇文章语言非常简洁、清晰和优雅，但用的却是一种死气沉沉的语言。因此，中国的情况与复兴之初，甚至晚于欧洲但情况却基本相同，也就是说，官方和学术界使用的语言都是矫揉造作的，是广大民众无法使用的。唯一根本的区别是，欧洲使用的死语言——拉丁语，是大多数欧洲国家借用的语言，而中国人使用的语言则是他们自己文化的直接传承。

除了这一早已形成固定形式的官方文体之外，几百年来，中国一直也有一种以叙事为主的通俗文学，它以不断变化的普通语言形式存在。可以说，这种通俗文学是一条未被注意到的溪流，在文学语言的流畅而优雅的冰层下涓涓流动。

为数不多的思想家和诗人现在已经大胆地在冬天的冰面上凿开一个大洞，为中国精神生活中涌出的一股春天暖流让路。

这场文学革命的领导者是国立北京大学教授、哲学家、诗人胡适博士。他的诗歌，他的文学开创性，特别是他丰富而鼓舞人心的风格，使其为新青年最重要的领袖之一。

明陵

我对北京的一些美好记忆与胡适有关。有时在我家，有时在他静谧的小工作室里，我们和几个朋友相聚，讨论时事或当时流行的科学问题。我们最大的乐趣是倾听胡适博士巧妙的精神价值，与地质学家丁文江博士明确的怀疑论和对当下政治游戏中领导人的尖锐描述如何进行论争的。

胡博士的两篇文章《文学改良刍议》和《建设的文学革命论》率先提出对语言进行改革，后者发表在北京大学的《新青年》杂志上。他宣称，受过教育的中国人应该承认大多数人所说的语言是"真正的民族语言，是各种样式文学的灵活工具"。

胡适非凡成功的秘诀，部分在于他掌握了一种卓越的风格，部分在于他的论点大胆独特可靠使人信服。

我从胡博士为外国读者所写的文章《中国的国语》中获得了这样一个图景，试图阐明他和他的朋友们开始改革运动时中国的语言状况：

> 想象一下，近代欧洲刚刚走出中世纪，融入了一个统一的、以拉丁语为官方语言的大帝国。这套语言体系一直持续了两千年，政治解体却只花了短短的两三个时期。更进一步，统一的公开考试要求考生掌握阅读和撰写恺撒、西塞罗和维吉尔讲话的能力，而且还套系统已经用了两千多年。在这种情况下，尽管民族语言（意大利语、法语、英语和德语）还有机会发展，终究也只能被当作当地方言，而拉丁语到今天则仍是唯一的官方语言。

他接着描述了欧洲民族语言是如何摆脱拉丁语的，在意大利，托斯卡纳方言是如何通过但丁、彼得拉克和薄伽丘的杰作成为民族文学语言的；在英国，英格兰中部方言是如何成为标准语言的，部分原因是乔叟和威克里夫用这种方言的创作而受到欢迎；他还回顾了巴黎的宫廷演说是如何发展成为法语文学语言的。

在简单陈述了众多的汉语方言之后，他发表了这样的声明，北方的方言群，也就是北京话，应该作为中国新的文学语言。

几百年来，北京作为政治中心的重要地位，也是北京话成为北方方言最杰出代表的一个重要因素。北京话，在北方所有方言中，可能吸收了最多的蒙古语成分，很快就成为一种丰富多彩、充满活力的语言，与中国东南部的保守方言有极大的不同。

我不知道语言学者，例如高本汉（Karlgren）教授，对胡适的推断有什么看法。不管怎么样，这些学者为实现胡适提出的目标做了有力宣传。

胡适继续讲述通俗文学的历史。他回忆起公元的前6个世纪佚名歌曲和民谣是多么的美妙，甚至连文学界都把它们视作民族文学的重要组成部分，并以《乐府诗集》的名称为人所知。

通俗散文是在9世纪由佛教僧侣的禅宗发展而来的。它的发展演变惊人的迅速，因此在10世纪和11世纪，已经出现用优美而富有表现力的通俗散文写成的长篇布道辞和书信。这种风格非常适合哲学阐述，宋朝及后世的理学家都采用它来保存重要的观点，并将其作为哲学讨论的媒介。这有助于通俗散文形成良好的风格，这是散文文学建设的显著进步。

中国北方在12世纪，先后被女真鞑靼人和蒙古人占领。1271年蒙古人占领了整个中国。那时，中国古典教育的中心已经转移到了中国的西南地区。在北方，"野蛮人"的统治不利于古老经典的学习。在蒙古族人的统治下，科举考试中断了近80年（1237—1313年）。这违背了2000年来的文化传统。但古典文学的暂时弱化，为通俗文学的自由、快速发展提供了极好的契机。这样就产生了元时期的伟大杂剧，这是专为人民而创作的，某些情况下是由社会最低层的作家们所创作的。

指导"野蛮人"和"粗俗"的中国人了解这个国家的伟大传统，催生了一种新的散文文学——演义，即通俗历史。这些故事很快发展成历史小说，然后发展成各种小说。16 世纪见证了四部中国最伟大小说的出现，都是由不知名的作家创作的，其中有些素材来源于很早以前，而且非常原始，后来经过了一系列的集体和个人的修订而逐渐成为小说。戏剧的兴起，特别是伟大小说的发展，提高了通俗文学在文学史上的地位。17 世纪中叶的一位伟大批评家说，没有任何文学作品可以与小说《水浒传》相提并论。

正是这些小说规范了民族语言。大多数小说是用北方方言或中原方言写成的。一个有趣的事实是，作者多是南方人，他们通过小说研究获得了对民族语言的了解。

胡博士有争议的文章引起了一场短暂而激烈的争论。旧派文人将他看作故意亵渎民族文化经典的人。但是，年轻的学生，以及进步的老师和作家们，却饱含热情，拥抱这场新文化运动。时间充满了发酵材料，它需要书写形式。全部文学的出现以通俗话语——白话，作为它的媒介。据说，仅在 1919 年，就有 400 多家杂志以这种话语形式创办。第二年，当局对这一运动给予部分认可，教育部规定在小学教育的开端应使用白话文。

虽然政府部门仍在使用旧的文言文，但通俗话语，或者是胡博士喜欢称谓的"国语"，已成为旧学界之外传播知识的媒介。毫无疑问，1919—1920 年的文学革命对中国人精神发展的意义远远超过 1911 年的政治革命。

学生运动和文学革命之间存在一种奇怪的相互关系。1919 年及其以后，学生运动缺少一种媒介与广大民众沟通，而学生们所学语言不能达此目的。但是胡博士及其朋友们刚好提供了一种新的媒介——白话，它非常适合学生们的宣传。1919 年，学生在与安福系和日本的较量中赢得了道义上的胜利，白话文经受了洗礼。民族语言在一个至关重要的问题上服务了民族事业。这一新的话语因此成为中国文化最显著的资源之一。

中国仍处于危险之中。外国列强的帝国主义行径仍然在威胁着她，内战仍在继续。对于那些希望为拯救自己的国家而尽一分力量的年轻学生来说，时代仍然充满着艰险和困惑。

但是，我们现代的瑞典学生，这些穿着优雅衣服的新一代，他们很少有机会考虑自己国家的荣辱，他们把时间固定地分派在爵士乐和考试之间。当我看到这一切时，我的思绪回到了那些看起来微不足道的中国学生身上。然后我才明白，后者在精神上更富有，因为他们生活在一个风暴和压力的时代。当谷子被大风吹伏时，当根浅的树木倒下时，只有强壮的鸟儿才敢尝试展翅高飞。

巨龙与洋人

第 17 章
传教士

1917 年春，我在河南西部进行了一次地质考察，从陕西边界的潼关沿黄河东向陕州。在考察活动中，我又来到了洛阳。我们在那儿过了一夜，以等待第二天的早班火车，我和助手许先生还有我的仆人，要乘车去往铁路西边终点站观音堂镇。

我们第二天早上六点左右起床。由于时间还早，天气有点冷。我们发现西去的火车只有一节旅客车厢，而且是一节货车，车上挤满了苦力和老年农妇。

在车厢里，我看到一位外国妇女坐在一张小木凳上，她穿着一件朴素的蓝色切维厄特呢长裙，她身材矮小，谦逊有礼，眼睛流露出善良和聪慧。我们相互交谈，这是外国人在中国旅途中相遇时的习惯。我们用英语相互交谈了一会儿，但很快发现我们来自同一个国家。我告诉了她我的名字，也知道她叫玛丽亚·彼得森（Maria Pettersson），出生于西约特兰省的伦德斯伯伦镇，多年来一直在河南新安县作传教士。火车跑了大约一个小时后，到了她所在的小城。彼得森小姐下车离开，我则继续前行。

之后，我又到过新安几次，每次都在这个小传教站住上几天。在那里我感受到了不同寻常的热情和善良，以及对我科学工作上的帮助。

新安传教站属于瑞典驻华传教会（瑞华会），由两名女传教士玛利亚·彼得森和玛丽亚·赫特兰兹（Maria Hultkrantz）主持。前者来自西约特兰省的一个农家，后者在维尔姆兰省的庄园长大。很有意思的是，这两位来自不同环境的传教士却相处得十分融洽。我常常觉得农民的女儿具备领袖人格，尤其是在宗教问题上。

玛利亚·彼得森长期做传教士工作。1900 年义和团运动之前，她在新安已经工作了多年。她对当年那难忘岁月的回忆，听起来就像一个传奇故事，奇特而又不可思议。

那时，在中国北方发生屠杀外国人事件的几周里，她和另外几位女传教士被迫徒步 650 英里从河南走到南京。这些妇女逃脱了，保住了性命，这似乎是一个奇迹。她们不时受到狂热暴徒的鄙视和侮辱，有时地方当局还争论是否将她们关进监狱并处决。

玛丽亚·彼得森对这几个星期痛苦和焦虑的记忆中，最珍贵的是那些幽默的插曲，向逃难者展示友好的时刻。他们有时会遇到一些人，在她们遭受咒骂和殴打时偷偷把面包或其他食物放进她们这些外国女人的口袋里。

"有一次，一位好心的地方官邀请这些亡命者进餐，饭菜很丰盛，有 22 道中国菜。"但是，玛丽亚·彼得森带着哀伤的微笑说，"我们可怜的肚子让我们狼吞虎咽来不及品尝这么多美好食品。"

义和团被镇压之后，情况逐渐恢复常态，彼得森小姐又回到了新安县。她现在的希望是，在这个已经成为她第二个故乡的小镇上工作，一直到老去。

正是在 1918 年的深秋，我第一次到她的传教站做客，并学会了更深入认识和欣赏拿撒勒基督这位谦逊、顽强、无畏的弟子。

我此去的目的是确定第三纪哺乳动物的遗址，刚刚发现了一些踪迹，然后进行了广泛的收集。玛利亚·彼得森从传教工作中抽出了一天，带领我踏上一条远离新安的小路。我知道我们的目的地是一个土匪出没之地。早上我们准备出发时，我问她，我是否应该带上自动手枪，但她拒绝让我这样做。

我们离开了新安县城，走了一整天，走过山顶，越过河谷，路过许多大大小小的村庄。路上，她不时讲述关于土匪的故事，风趣而幽默。她说，在一个地方，一个农户有两个年幼的儿子被拐走了，从此再没人看见他们。她推测，他们很可能被卖给了远在东北北部黑龙江的淘金者。在另一个地方，一支送葬队伍经过一个村庄。当送葬队伍来到村子中间时，抬棺者放下棺材，打开了棺盖，露出的不是一具尸体，而是一堆长枪，土匪把枪取出来，让人们不要声张，然后抬棺材的土匪就洗劫了村庄。

我听着这些土匪的故事，想到了我的手枪，后悔将它放在传教站的后面。但是几个星期后，我对附近传教站的传教士们说起此事时，他们告诉我，在新安地界，任何人与玛丽亚·彼得森一起外出都是安全的。因此，我终于明白，即使是在当地的土匪当中，她也受到敬重、享有特权。

一天晚上，新安附近的士兵和土匪之间发生了一场战斗，双方的伤员都来到瑞典传教站包扎伤口，情况非常危险。士兵们在附近增援，看起来好像在传教站院子里将发生一场新的战斗。看到这种情况，玛丽亚·彼得森当起了指挥官："士兵站西边，土匪站东边。规矩点，孩子们！如果你们在这里闹事，我就扯下你们的绷带，把你们统统赶出去。"从那天晚上起，这个文静的小妇人，成了新安土匪心目中的圣人。

第二年，1919 年，我再次来到新安县。当时，河南的这个地方到处在闹饥荒。人们在等待庄稼成熟时，只能在黏土里掺加少许菜叶烤成饼子充饥。这两位女教士玛丽亚——彼得森和赫特兰兹，都全身心地投入到了救济工作中。她们站在一个大锅旁，向最贫困的人分发食物。而表现出饥饿症状的儿童，则被带到一个临时搭建的育婴所里。那些刚从乡下饥饿家庭送来的人状况极差，随着他们在育婴所里度过的时间增加，他们开始恢复了健康的气色。"然而，他们都很脏"。我竟冒昧对这种情况发表了评论。在那之后，我从玛丽亚·彼得森那里受到了很好的教训，她使我深刻反省，并对这两个外国妇女在这几个星期里所做的救济工作有了深刻的认识。无疑，她的看法是正确的。她认为，仅想给孩子洗衣服或试图让他们保持十分干净的想法是荒谬的。这两名传教士需要在白天的每时每刻和晚上的大部分时间，采取所能利用的一切手段抢救儿童，把那些成群结队的饥饿儿童带进来，让他们吃饱饭。

后来，我又一次来到新安县时，看到玛丽亚·彼得森正全力投入工作，为那些被父母遗弃的小女孩建造一个家，这一直是她的梦想。现在她发现自己即将实现这个愿望，感到非常幸福。

亲爱的玛利亚·彼得森，当我看到你所做出的一切，请允许我向你大无畏的英勇气概致敬！你用乐观开朗的性格和扶危济困的大爱帮助了那些无助的孩子，你和你的同事们在信仰和行动上都受到了中国人民的尊重！你的付出救赎了贪婪的外国列强对中国人民犯下的种种罪行！

我不知道乔·埃里克森（Joel Erikson）是什么时候来中国传教并如何开始习医的，但当我 1919 年第一次拜访他时，他已经是当地蒙古人中一位值得信赖的著名医生了。他医治过被强盗打伤或被凶恶的狗咬伤的人；他给妇女接生，尤其是难产的妇女；他治好了咳嗽和消化不良，并且成功地治好了其他百余种疾病。在当地几乎每个成年人都感染梅毒时，他肩负着更迫切、更重要的任务。当有一位不能说话无法站立的老年族长被送到他身边时，已经被疾病折磨得几近骷髅。几个星期的水银疗法出现了奇迹。老人竟可以骑马回家，给传教站送来一头母牛作为报酬。乔的名声传遍了蒙古草原，远方的人也来找这位名医接受治疗。在蒙古人的圈子里，这个传教站的工作很少有人听说，但人们对这位可以治疗重症的陌生人产生了浓厚的兴趣，甚至连传授蒙医的寺庙喇嘛，在病症发展太严重时，也来找乔请教。

乔·埃里克森于美国在北京创办的医学院修完了课程。1921—1923 年，他休假回到瑞典的时候，我通过卡尔·温南（Carl Winan）教授的积极帮助，成功地让他有机会在乌普萨拉（Upsala）大学的许多诊所分担工作。

如今他现在可以在以前疗法中增加新的手段。我了解到，他甚至成功地开展了像消除白内障这样精密的手术。

在同一个传教站中，几个训练有素的护士在蒙古的库伦工作了一段时间，取得了巨大的成功。直到红俄人的态度转变迫使他们放弃了这一地点。最近，在蒙古的瑞典传教团中又加入了一名受过训练的内科医生。因此，乔·埃里克森在医治当地人的工作中有了帮手。

瑞典在蒙古的传教中如此坚决地开展医疗活动，无疑是一个幸运的事。由于喇嘛教通过众多的喇嘛对蒙古人施加难以置信的影响，在蒙古的传教与中国其他地方相比，任务要艰巨得多。如果没有教会对皈依者及其家人的未来承担起责任，要使蒙古人皈依基督教，几乎是不可能的，因为那些恶言喇嘛的人，都将毫无疑问地被赶出蒙古群体。

在这块贫瘠的土地上，医疗活动一直是传教士开垦土地播下基督教种子的耕犁。乔·埃里克森是一位衣着整洁具有阳光气质的小韦斯特曼德尔（Westmanlander），他和年长于他、行动沉稳，但非常坚韧的同事马格纳斯·约翰逊（Magnus Johansson），以及三位女助手安妮·埃里克森（Anne Erikson）、格尔达·奥列恩（Gerda Ollén）和赫尔达·维克伦德（Hulda Wiklund）从事了一项开拓性的工作。蒙古人因"野蛮"的强大力量、怠惰和邪恶所束缚，虽然工作带来了很多物质帮助和精神启蒙，但蒙古人却不那么愿意接受。

巨龙与洋人

我在甘肃的工作中，乔治·芬德莱·安德鲁（George Findlay Andrew）扮演的角色，与玛丽亚·彼得森在河南、乔·埃里克森在蒙古一样。这三个人是我的助手中最重要的三位传教士，他们有一个共同的特点，那就是他们聪明、性格活泼。我相信，他们的这种自然清新的气质展现出胸襟开阔的一面，致使他们对一项与其本职如此不同的活动产生了兴趣。

安德鲁和所有人见面时都带着一种强烈的幽默感，而背后则隐藏着一种深刻的严肃和坚定的忠诚。凭借这些品质，他在当地人面前赢得了非凡的威望，最不寻常的是，他在两个敌对的阵营中——中国汉人和穆斯林，受到同样的信任。

1924年春天，安德鲁被教会从兰州调到山东烟台芝罘英语学校的一个新职位。在兰州的陆洪涛督军曾两次试图让教会把安德鲁留在甘肃。那个中国老将军非常希望能把这个外国人留在身边，这让我感到惊讶。我慢慢地找到了他的动机何在。安德鲁是个非常直率的人，在许多场合他都直言不讳。然而，正是这种无畏同时又令人愉快和可爱的坦率，与陆督军周围的人的奴性形成了鲜明的对比，赢得了他的信任。陆督军感觉到，当其他人保持沉默的时候，安德鲁是一个能在需要的时候正视危险的人。

安德鲁的特殊社交群体和他研究的主题是甘肃的穆斯林。对此，他写了一本通俗易懂的书。有名的甘肃"五马"，五位狂傲粗暴的将军，都是他的朋友。他与其他伊斯兰教人员交往也是广泛而多样的。从下面的轶事中，读者可以看到安德鲁对他伊斯兰朋友的坦率。

一天，安德鲁设法使他和我应一个伊斯兰教徒的邀请共同进餐。这位马将军是个活跃而又有进取心的人，但有点暴力倾向。他给我们安排了一顿丰盛的晚餐，非常敬重安德鲁。用餐时，安德鲁说："你可以想象，安特生博士，当这座城市的新监狱启用的时候，我们看起来有点过度兴奋的主人，他将是第一位客人。"

伊斯兰教徒喝得醉醺醺的，这有点荒唐，我带着一种也许是轻率的惊讶神态转向马将军。但马也显得有点吃惊，点头表示赞成安德鲁的说法。他的话更让我感到困惑。安德鲁似乎想利用这一机会，对他的朋友马将军做个幽默且意味深长的提醒：他不应该再这样酗酒了。

我的坚定的印象是，安德鲁将在甘肃完成一项大任务。中国汉人和穆斯林之间的仇恨总是在用文火焖烧着。一场毁灭性的大火席卷该省只需要一次偶然的机会。没有人比乔治·芬德莱·安德鲁更有能力保护传教士的安全，有能力在对抗的民族之间进行调解。

在我的桌子上放着一本薄册子《中国对基督教的挑战》，它对基督教在中国的传教现状进行了精辟的分析。并且非常率直地指出，如果使传教会的工作不至于停滞或倒退的话，应该采取何种的解决办法。

本书基于对中国人民的深刻了解，其中充满了对中国文化的热切敬重。

中国人是一个善良的民族，她冷静，平和，守法，精力充沛且富有耐心。

在对待像中国人这样有着悠久而丰富的文化遗产的民族时，教会开展工作的前提应该是：尊重中国文化独有而又宝贵的特点，了解中国人的气质，了解他们的文化创造的生活理论。我们对中国人的崇敬程度越高，理解的程度越深，我们就能更好地以基督的精神接近中国人。

我可以很自豪地说，这个心胸开阔、肚量宽宏的作者是我的朋友，卢修斯·查宾·波特（Lucius Chappin Porter，汉名博晨光），一位美国传教士的儿子，从小就熟悉中国语言和民族气质。他在美国接受大学教育，他把自己返回中国自称为一个"归国留学生"，即那些在国外完成大学学习，之后又归国的中国学生。波特可以像中国人一样读、写汉语。这样他就能够以同样彻底的东、西方文化知识对东方的情况进行判断，这令人羡慕。

在北京卫理公会的一所高中任教数年后，他追随德国的夏德（Hirth）教授，担任两年哥伦比亚大学汉学荣誉教授，这是一项光荣的职责。在美国当了两年的大学教师后，他回到了北京。在北京他和裴德士（Pettus）先生一起组建了燕京华文学校，这是一所美国人大量资助的学校，其目标是促进对中国语言和中国文化的学习。

卢修斯·波特是在华传教士中受教育程度最高、视野最开阔的传教士。正是他和他这种类型的人才证明了我们的希望，希望心胸狭隘和自以为是不会成为扼杀传教事业健康发展的杂草。他这种受过高等教育的开明领导者可能会很乐意地领导教会走出风暴，而不至于造成重大损失。这场排外风暴威胁着传教活动。这是一场外国人自己引发的运动，在这个运动中，传教士深受其害。

玛丽亚·彼得森，基督淳朴而真诚的仆人；乔·埃里克森，成功的业余医生；乔治·芬德莱·安德鲁，汉人和穆斯林可信赖的朋友；卢修斯·查宾·波特，曾受过高等教育、心胸宽广的学生。这些都是我在中国考察期间遇到的众多传教士中最优秀的人。除了这些人，我还可以再举出一些其他的名字：刚去世的奥伯格（Oberg），孩子们在包头萨拉齐镇的朋友；受过良好训练的艺术爱好者范·戴克（Van Dyk），现在住在宁夏……还有许多我在这里无法描述的其他人。

就现在仍在中国的传教士而言，也有一些不那么重要的人，他们思想比较狭隘、缺乏全面教育。这样说并不是不公平。

我还必须强调，我对传教士问题的理解几乎完全是我与新教接触的结果。我与天主教会的接触相对较少。他们分开生活，因为他们的独身誓言，并且他们接受的精神训练比思想自由的新教传教士更加严格。他们形成了自己的独特类型，这种类型很难被我们所体会。

巨龙与洋人

在一个方面，天主教传教士比他们的新教同僚更有男子气概，特别是在动乱时期自我保护的问题上。在许多新教传教团中，他们对这些剧烈变化有相当的刻板的顺从，但天主教徒并不满足于被动地依赖上帝的保护。他们的传教站配备了武器和弹药。在关键时刻，许多神父已经表现出他们是教会的武装人员。在义和团骚乱中，许多天主教站，如中国北京的北塘、保定府和蒙古边境的一些教会，成功地坚守了阵地，直到救济到来。而同一地区的新教徒则被屠杀。

后来，天主教传教站也被认为是动乱时期的安全堡垒，即使是中国地方官员，在必要的情况下也可以逃到那里避难。

在蒙古边境，我听说一个关于尚武的神父的小故事，非常有趣，值得讲一遍。

在蒙古，一个天主教站经常受到一个强盗团伙的骚扰，这伙强盗特别热衷于掠夺邻近的天主教华人居住的村庄。神父多次试图与强盗理论，但结果是徒劳的，到了最后，他变得绝望，动员他的部下发动反击。神父走上战场时，大部分土匪在别处寻找猎物。因此，神父只找到50匹强盗的马，两个看守马匹的强盗试图反抗，但被击毙。如果天主教徒把马当作战利品，其后果肯定是强盗们发动攻击把马夺回。然而，这位神父有很好的心理学知识，他做了一件让叛依者和土匪都感到害怕的事情。他亲手击毙了许多马，然后放心地回到传教站。

他算计得很准确。劫匪能够理解一个人偷马，却无法理解把马大量地打死。因此，他们感到十分害怕，就自我认为这个神父是一个奇怪和凶狠的人，最好与他和睦相处。于是，他们提出了媾和条件，这些条件很容易实现，条件就是：劫匪不得骚扰任何属于天主教站的中国人，神父不得再射杀马匹。

神父在蒙古边境的他们的传教站里过着富足的生活。晚餐时喝杯红酒，而后抽一支上好的雪茄，这对他们来说是一件常事。但是，这样的事情会让超凡出世的新教传教士毛骨悚然。一位文雅的、受过良好教育的、在每一个细节上都很光彩照人的天主教主教，曾经邀请我共进午餐，他玩了一个令人愉快的小戏法，使我十分着迷。喝完咖啡，他抽了一会儿黑雪茄，然后建议出去看看他的传教站。这里井然有序，有为皈依的年轻人设立的学校，布局优雅的花园，一个漂亮的教堂。我们来到教堂门口时，主教把他的雪茄放在墙上的壁龛里，这个壁龛显然是为放置雪茄而设的。然后他走进教堂，在祭坛前跪下，划了个十字；然后他很快给我介绍了教堂，然后走出门去，拿起他的雪茄，继续抽起来。

一些新教传教士很难相信，纯正的神父竟满足于餐桌上的欢乐。但是这些反面的谣言，可能归因于天生的"职业嫉妒"或说话者的无节制的想象力。

天主教徒非常轻率地利用了条约给予传教团特权，他们可以在中国获得土地。传教团周围相当大一块土地属于天主教传教团。教会把土地租给皈依者，从而使他们在各方面都依附于教会。由于它诱惑人的待遇，加入天主教的道路是容易的，但是想要离开却是困难的。

天主教徒为领圣餐者提供法律帮助，这种帮助通常采取向地方当局施加压力的形式。对此，中国人深恶痛绝。

总的来说，所有教派的传教活动都存在极大的风险，因为中国人有很强的财产意识。他们成为基督徒可以轻易地谋得物质上的好处。一位中国权威人士发明了一个术语，叫"稻粱基督徒"，这个术语深深刺痛了传教士们，无疑是指中了他们的弱点。"稻粱基督徒"是指一个中国人一旦入教，无论是从字面上还是从象征上，他都想确保在未来能够得到渴望的饭碗。

首先，这项使命为众多的教徒提供了体面而高薪的工作。此外，在传教士中有一个朋友，就可以向外国人和有影响力的中国人举荐教徒的子女、兄弟或堂兄弟，这是件好事。头脑灵活的中国人可以千方百计地利用这一条件。

如果有一天，主宰所有传教士的上帝，去倾听传教士的心声，搜索的结果，会听到虔诚热心的门徒的叹息和呻吟。在许多情况下，这些热心人不得不承认，他们的好意得到的是恶报。当然，这些痛苦的失望不应该公之于众。为了证据更加充分，我乐于引用一些我自己的经历。

在我多次旅行的过程中，有一次我被我的一个仆人完全蒙骗了。我派他前去弄四辆四轮马车，进行一次乡下长途旅行。结果我发现，我得付比我估计的要高得多的租金，也就是说，一辆车付 200 美元，共付 800 美元。但是，通过向其他仆人了解，真相渐渐明了。最后，这个人不得不承认，他每辆马车只付了 160 美元，把

160 美元余钱放进了自己的腰包。可以肯定的是，在中国，普遍有抽取佣金的做法。每辆马车抽 5 块钱是相当合理的，就是抽 10 块钱我也默然认了。但这一次所有其他仆人都同意我的意见，认为他太过分了。这个人因此事被揭穿大丢脸面，请求允许他辞职离开我。他怀着感激和谨慎离开了，这结果相当令人吃惊。他就是一个典型的"稻粱基督徒"的儿子。

还有一次，我不得不在一个新教传教站与一个"福音传道者"结算一笔生意。福音传道者可能是在新教传教团中一个自命不凡的本地传教士的称呼。

这一点上，我非常感激这位教徒。在他的帮助下，我们在他童年居住的村庄里进行了一次大规模挖掘。我和他的兄弟住在一起，一到这里，我惊奇地发现了一些托盘，很新的托盘，和我用来包装标本的托盘一样。起初，我对福音传道者把这件事安排的如此体贴感到非常高兴。但是当账单送来的时候，我开始怀疑了，因为这个费用是我在其他地方价格的两倍。随后调查发现，我可以在附近城镇用一半的价格买到托盘。

由于我对传道者的帮助已经给予了很好的补偿，因此，当我从他的异教徒兄弟口中得知这是个蓄意的计划，目的就是得到双倍价钱。这让我感到非常愤怒，我开始想让地方政府来惩治这个家伙。但是，一个原因是把一个传道者关进监狱有些荒唐，另一个原因是我希望放过我的这位传教士朋友。于是我把这件事交给了教会。最后的结果是这个肮脏的流氓不得不把骗我的钱交给教会孤儿院。

是的，传教士经常有痛苦的经历。并不是所有人都像那个带着圣洁光环和说话坦率的矮小的女牧师那样开诚布公。星期天早上，在人们进来参加祷告仪式之前，她找到我，说要将我放在门口的所有东西都搬到房间里去。她说："他们从没有像星期天那样顺手偷那么多东西。"

我经常听到这样的说法，传教士选择他们的职业，不仅仅是出于对他们精神引领的热情，同样也是出于实际考虑。有一幅漫画可以说明这一观念。这是一个传教站的漫画，前景显示的是一个华丽的别墅，背景是一个简陋的小布道所。画面上写着一句格言："我们用建造教堂剩余的砖块，为自己建造了一个简陋的小屋。"

在我看来，所有这些言论都是对传教使命毫无根据的有意或无意的诽谤。毫无疑问，在那么大的传教人群里总有一些无节操的人（传教士把教堂建在北戴河和庐山牯岭避暑胜地的特殊情况并不是大多数传教者的典型）。毫无疑问，相对的舒适和大量配备仆人无疑是一种诱惑，这也适用于我们所有了解东方懒散生活的人。从整体上看，我敢说，绝大多数传教士都是敢于自我牺牲、心地纯洁、献身于他们使命的人，对他们来说，物质考虑在另一个层面上。我常常对一些被迫在贫困中工作的斯堪的纳维亚传教士感到震惊。对"中国内地会"的一位英国传教士家务事的观察，显示出他为所

104

巨龙与洋人

做的事付出了相对高的代价，我希望上帝能通过某种奇迹增加他们那少得可怜的面包。

我谨提醒其他往往有很强能力的外国人，他们以商人、外交官或中国政府雇员的身份到访中国，不要对传教士表示任何轻率的谴责。对于那些经常身处险境的传教士来说，他们付出了倾注爱心的劳动，无论成果看起来多么微小，这也是作为外国人的他们，以自身微薄的付出，来弥补外国列强让中国遭受的巨大不公。

到目前为止，我对在华传教团的评估，一直停留在外部观察，对核心问题没有表达意见：在中国精神生活中基督教是一个慈爱的力量。

这个问题很难回答，我缺乏必需的知识进行详尽回答。不过，作为解决这一难题的一种贡献，我要冒昧地提出几点看法。

我们必须从这样的历史基础开始：中国人是具有悠久文化的民族，他们不间断地保存着从辉煌的青铜时代以来的骄傲传统。

在这个古老的遗产中，纪念他们的先辈，遵守孔子的社会教诲，这都是珍贵而神圣的。对传教士来说，这是不可理解的、无关紧要的，或者实际上是一种"异教徒"的憎恶之处。高本汉（Karlgren）教授令人钦佩地描述了传教会盲目反对中国文化最神圣传统的斗争，我冒昧地引述他的话：

> 他们（传教士）使皈依者不再崇拜祖先的神灵，把孔子视为假先知。更糟糕的是，他们拒绝向祠堂和社区举办的活动提供支持。他们导致家庭不和——家庭是族群社会的基础——最终使他们的教会小团体对他们生活的大环境产生了某种敌意。

中国人一直在他们古老文明的基石上努力发展，曾把新的文化元素与佛教融为一体。最后，通过数以百计的留学生，从美国和欧洲引进了西方科学，这些中国人非常熟悉我们的教育。以至于传教会从我的家乡纳克地区派出的真诚但缺乏训练的农民小伙子们，在遇到有教养的现代中国官员时，都会感到不知所措。

在这里，如果传教团要成为一种活的宗教力量，我们的第一个要求就是，没有接受过普通教育、没有开阔的精神视野的人，不能在平等的条件下与受过教育的中国人打交道的人，就不能在传教会工作。

还有另一个必须考虑的历史禀赋，那就是中国人开放且丰富的精神指导，这种指导一部分是通过孔子的教诲，一部分是通过佛教。与基督教相比，对这些极不相同的宗教活动进行评估，这自然超出了我的职责。但在我看来，主要是中国的道德家，以及印度宗教的创始人，他们都处在各自文化环境的巅峰时期。在某些方面，他们比耶稣这个拿撒勒简单的木匠之子拥有更丰富的知识来赢得中国人的心灵共鸣。

任何想把基督教、传教会做为工具对中国人的心灵造成影响的企图，都必然要在黑暗中摸索。天主教给出的数字显示了大量的中国皈依者，这些数字是相当空洞的，基督教对普通中国民众的反应也是难以确定的。就我个人而言，我倾向于相信，在宗教方面，就像在其他领域一样，我们很容易高估外国人的精神影响。总的说来，除了我们物质文化的深远影响之外，其他影响微不足道，极不重要。铁路、机枪、飞机和电影，这都是我们赢得胜利的标志，但这种成功在中国的价值却非常值得怀疑。

如果我们寻求传教会的切实成效，我认为可在最简单的公式中找到，那就是个人贡献。

对中国人来说，传授教义信条实际上毫无意义。吸引他、唤起他的尊重和思考、最终为传教会赢得朋友的人是个榜样。因此，优秀的圣工，如玛丽亚·彼得森、乔·埃里克森、乔治·芬德莱·安德鲁、卢修斯·波特和其他许许多多的人，他们的名字我在这里都一一列举了。他们的善举提高了传教会在中国的地位。从中国人的角度来看，基督教不是一个关于圣餐的"野蛮"教义或者对三位一体的无味纠缠的问题。耶稣基督教导人们要同情弱者，热爱孩子，尊敬父母，诚实守信和热爱真理。这些话，中国人感兴趣，因为这都是两千多年前中国圣人向他们灌输的道德戒律。

当他们看到最好的传教士把基督的教导传入他们的生活中时，他们意识到了在邪恶的"洋人"中也有善良的人。

我不相信传教团会取得圆满和无条件的成功，我的意见就是基于这种幸运发展道路上的特殊障碍。

第一个困难在于基督教本身，它被分成了相当多的教派，中国人很难理解。对于逻辑僵化的中国人来说，既然只有一个基督教的上帝，也应该只有一个基督教会，这似乎是无可争辩的。接下来，当各教会在传教领域中表现出明显的分裂，而且往往彼此敌对时，整个事情对所谓的"异教徒"来说，就变得更加难以理解了。

另一个巨大障碍是欧洲列强对中国的政治行为，这似乎与基督的教义大相径庭。英国传教士如何解释1840—1842年的鸦片战争与他们所倡导的教义的？当中国人质问：基督教的各国政府如何派遣军队到中国首都进行肆意的"惩罚性远征"时，这些可怜的传教士如何回答？几乎所有大国在1890年起的十年里都沉溺于掠夺土地，甚至更无理地企图把整个中国瓜分成"势力范围"。这些来自西方文明国家的尴尬代表们如何以牺牲中国为代价，对窃取土地的行为作有利的解释呢？

1914—1918年，发生在欧洲可怕大屠杀，极大地削弱了这些"和平王子"的使者们先前在中国享有的声望。

最后，也是最灾难性的。去年（1925年）5月30日，在上海，一名不明智的

孔庙

外国警察向一群吵吵嚷嚷但手无寸铁的中国学生开火，当时学生们正在为一个至关重要的爱国问题示威游行。这场凶残的射杀，在上海的外国人中间燃起了一种虚伪的、过度的傲慢情绪，并点燃了整个中国都对外国人的怒火。数十年来最优秀、最开明的中外人士建立友好的理解所做的耐心努力，在无望的荒凉中一扫而光。只在为时已晚时，外国当局才意识到，尽管中国内部纷争不断，但与在1900年做出可悲的愚蠢行为的旧中国相比，今天的中国是一个更加强大、更冷静的对手。

与1925年"五卅惨案"中完全无关的传教士们，他们现在必须忍受苦难。他们需要再奋斗几十年，才能夺回过去12个月中所失去的部分阵地。

除了少数例外，外国人可以分为截然不同的两个类别。一类是传教士，和少数医生和大学教师，他们过着简朴的生活，妻子们承担全部家务；另一类是商人、受外国控制的中国行政部门的外国雇员及使领馆工作人员。第二类人有许多奢侈的习惯，许多男人在"俱乐部"消磨大部分时光，许多女人一直要睡到吃午餐时间，除了几乎每晚都把时间花在晚宴和舞会上，还把下午浪费在访客和跳舞上。

这个外国人的豪华阶层，当然也包括许多优秀而勤劳、具有理想生活的人，从整体上看，这种富足豪奢的西式生活，仍然给中国人一种不良印象，形成一幅扭曲的、被电影所强化和固定的画面。

在中国，凡去看电影的人都会产生令人惊讶的反思。放映最多的是美国电影，一类是最辛辣的剧情片，有盗匪和入室行窃、蒙面强奸和各种各样的狂欢；或者是与这些社会剧交替上映的所谓的喜剧片，不幸的是，其中许多喜剧片仅仅是滑稽的，它们使外国人在中国人眼中变得荒诞可笑。不懂英文的中国百姓，从最怪异、最原始的效果中找乐，以孩子气的方式享受着；事实上，当外国人最荒谬时，中国人似乎最感兴趣。

我要简单地补充一点。在中国也放映非常优秀的美国电影。我对美国人深表钦佩，因为他们最了解如何用平等、慷慨和自愿的精神面对中国人，传播美国的文化。在中国，如果这个年轻和有钱的美利坚民族能够洗掉骄傲的美国名声上的一个污点，去除低俗的影片，那将是非常令人满意的。

巨龙与洋人

第 18 章
白祸

我的朋友丁文江博士曾经对我说过，"洋鬼子"这个词不应该被理解为辱骂，而应该理解为动物学上的定义。人是黑眼睛、黑头发的动物，魔鬼是红头发和绿眼睛。因此，外国人属于后一类，这就像林奈根据生殖系统来判断植物种类一样，既简单又无可辩驳。

这位精明博学的博士说得很对。但在拥挤的街道上，或在愤怒的暴民中或小孩们追逐一位外国人时，洋鬼子就成了一个贬义词。

中国人怀疑外国人的原因是什么？为什么尽管中国人有令人钦佩的自制力、机智和亲切友好，但他们对这些外国蛮夷却有一定的提防？

首先我们必须清楚地认识到，直到现在，中国人还认为自己拥有一种普世文化，中国是一个人口众多、自然条件优越的中央王国，国人通过学习和艺术创造而得到了升华。

在宇宙的这个中心之外生活着一些"野蛮"部落，他们尚武好战，麻烦不断。但在读写、教育和治国方略方面远不如中央王国的人民。蛮族王要向皇帝进贡，当他们或他们的使者觐见北京的天子时，他们要磕头，即跪拜，额头抵在地上。

北方的游牧民族，首先是真正的蒙古人，然后是满族人，都南下来到中原，建立了元朝和清朝，用权力和技巧统治中国，直到朝代灭亡。这些王朝很快都接受了中国的汉文化，他们的占领主要是有军事和政治性质的，很少影响民族精神的发展。

因此，中国汉人成功地提升了他们作为一个领先的中央文化民族的地位，直到他们遇到了新的强大的因素，他们有理由称之为"白祸"。

在"满族人和革命"一章中，我们指出了中国为适应新形势而进行探索和痛苦努力的某些主要特点，这是由于西方工业文明和欧洲的土地掠夺政策向远东推进而产生的。

只要看看18世纪和19世纪前20年美国和欧洲列强对中国的关系，就会发现，在19世纪上半叶让东方感受到自己实力的英国、俄国和法国，在技术装备上远不如这些国家现今水平。以前在中国水域扬威的西方舰队和对北京进行"惩罚性远征"的英法部队，无疑比中国人能够对抗他们的任何东西都更有效，但却完全不如今天的战争装备。雪崩似的设备更新速度可能预示着当代西方文化的短暂荣光，随着这种高速度，白人在各个领域都发明和完善了新的机器，在征服自然领域中朝着令人惊叹的目标前进。

对于中国的清统治者来说，这一定是一个奇怪而又麻烦的问题，"洋鬼子"的实力不断增长，他们有设计越来越可怕的死亡机器的无限能力。

中国人现在已经吸取了惨痛的教训。外国人在 1875 年设计建造的从上海到吴淞的第一条铁路被中国人赎回，铁轨被拆毁。从那以后，其他的想法盛行，允许德国人和英国人修建天津至南京浦口的津浦铁路，允许德国人修建济南至青岛的胶济铁路，允许比利时人和法国人修建北京至汉口的铁路（卢汉铁路）和陇海铁路，允许法国人修建云南滇越铁路，允许俄国人和日本人修建东北的铁路。

中国工程师詹天佑，建造了穿越险峻的南口的京绥铁路（应为京张铁路——译者注），这一优雅和坚实的中国工程的典范受到了美国铁路建造业的普遍赞赏。

中国人急切地掌握了外国人的所有技术发明，机关枪和迫击炮、飞机和无线电报、暖水瓶、电影放映机、理发工具和自来水笔。

在精神层面，西方也是中国人非常感兴趣的对象。学生们读尼采，用汉语演出易卜生的《玩偶之家》。布尔什维克主义在学生圈子里赢得了巨大的声望。北京的一个画派正在按照西方艺术原理创作油画。大城市里的中国青年崇尚爵士乐和短发。鸦片现在通常以吗啡注射的精制形式使用，在沿海大城市人力车苦力和类似的人群流行注射吗啡。

尽管欧洲列强的军事和技术装备在过去一百年里有了巨大的改进，但它们的政治理念几乎不能说也是如此。作为殖民政策的一个特征，他们对于土地和权力的贪婪，对相对无防御能力的"有色人种"的蔑视，似乎仍然存在，尽管各国本着人道主义精神提供了官方保证。

1915 年日本提出的二十一条使其恶名远播，这是 1890 年以来欧洲列强对中国的暴力政策的直接结果。英国正在悄悄地、有条不紊地加强其在中国附庸地西藏的影响力，俄罗斯正在"重组"蒙古使其变为自己的一个属地。几年前，法国当局企图在天津拥有一部分土地，但与中国的谈判没有成功时，他们在一天早上造就了一个既成事实，法国警察占领了该地区。这一举动确实引起了各国对法国的短暂冷淡，但后来就被遗忘了。而法国人根据他们的意图保留了对该领土的所有权。

俄罗斯和日本这两个大国作为中国的直接邻国，有着不寻常的机会以友好方式在中国攫取利益。但引人注目的事实是，因它们的行为而失去了许多本来是近在咫尺的同情。

由于两国人民之间的种族关系，日本对中国有着特殊的有利地位。日本以迅猛的方式实现了新发展，并以其克敌制胜的武器晋升为强国。日本有精良的装备，有很多的机遇，发展成为亚洲的巨人。他们应该保护准备不足的中国，使其免受欧洲列强侵略政策的伤害。同样可以肯定的是，这一伟大而鼓舞人心的任务对日本政治家来说是显而易见的，但日本似乎需要为其过剩的人口找到出路，这迫使日本采取一种在许多方面超越其他所有大国的残酷行为方式。还应注意到，中国肥沃的平原和丰富的矿产资源对雄心勃勃的日本领导人来说，有着不可抗拒的诱惑，因为这个岛国自然资源缺乏。其结果是，日本放弃了其伟大而崇高的保护国角色，以武力、外交压力、工业和商业代理大军推行渗透政策。这一政策显然赋予了对适合中国农业殖民化的广阔领土、丰富而有价值的矿田的控制权，但同时也助长了中国对日本的深深不信任和仇恨。日本侵略政策的高潮出现在 1915 年和 1919 年：前一个用闻名的"二十一条"旨在使中国成为日本附属国，后一个重要年份导致中国安福系垮台。安福系通过日本贷款保住政权，将许多最宝贵的资源典当给了日本。总的来说，与日本人的努力相比，中国人的正确判断和他们独特的消极抵抗能力，是相当成功的。自 1919 年后，日本采取了一项更为周到的怀柔政策，回忆了两国之间的血缘关系，寻求亚洲人建立在亚洲基础上的两国友谊。

帝国时代的旧俄罗斯很难给中国人任何幻想。众所周知，俄罗斯熊是如何在西伯利亚平原的原始森林中艰难前进，直达太平洋。但是他们所发现的是一个冰封的海岸，俄国渴望有一个温暖的大海，于是转向南方，来到中国的东北。由于对日战争的失败，俄国的行动相对迟缓收敛，但俄帝国的侵略本性不会改变，这是中国人非常肯定的。

接着是俄罗斯 1917 年的十月革命，那场可怕的事件将帝国从贵族统治推向了一场规模奇特的共产主义尝试。苏联政权对中国采取了全新的态度。新领导人自由地放弃了所有领土外的要求和条约赋予俄罗斯的侵华优势。他们将其他大国对中国的政策贴上"帝国主义"的标签，并对亚洲人说了友好而富有同情心的话。不仅如此，1924 年，当苏联和中国签署新条约时，由于两国的规模和重要性，苏联政府提议将双方外交代表级别提高到大使级，这一提议极大地鼓舞了中国的民族自信心。因此，中苏互派大使，而苏联驻北京大使是外交使节圈子里唯一一位部长级别的大使，这是苏联巧妙设计的结果。这种情况对局外人来说非常有趣。这些骄傲的外交公使们以前不希望承认苏联那些能干和聪明的代表，但他们发现自己被苏联这一大胆举动降低了级别和地位。

这是一个令他国羡慕的起点，俄罗斯可能在这个起点上继续向有利于中国的独特地位迈进。然而后来，中国人有很多理由为这个结果感到惋惜。在中国东北的中东铁路上，俄罗斯在那里有着深远的利益，两国出现了严重的分歧。

在蒙古，新政权的俄罗斯人已经牢牢控制了政府和军事防御。一开始，苏联红军入侵蒙古是完全可以解释的，因为这是一个铲除白俄势力的问题，这些白俄势力把蒙古作为他们最后的集结地，并且没有被北洋政府解除武装。然而，蒙古首都库伦的苏联人似乎已经长期定居下来。旧蒙古政府被新蒙古政权取代，它与红色俄国人携手合作，并在俄国军官的指导下建立了一支新的蒙古人民军。

如果只关心发生在遥远的中国边境的事件，这一切都没什么意义。但是，考虑到其他列强散布谎言来诋毁苏联，布尔什维克的宣传在中国本土已经大规模展开，这一事实是不能排除的。孙逸仙和他在广州的政党公开与苏联共产党合作。红色宣传也在上海进行。据说冯玉祥和他的西北军在北京北边与张作霖和吴佩孚作战时接受了俄国的帮助。冯玉祥本人最近在莫斯科受到款待。由于所有这些，俄罗斯和中国领导人之间的关系非常紧张，北洋政府现在似乎已经把消灭冯玉祥作为首要目标。

由于冯玉祥得到苏联的积极支持，所以日本就帮助张作霖，尽管它是在比"苏—冯联盟"更谨慎的形式下完成的。冯和张之间的冲突背后，潜藏着两个争夺东方主导权的传统对手，即苏联和日本之间的对抗。

无论如何，激怒受过爱国教育的中国人的，是外国势力插手中国内战。资金和军用物资上的支持，不止一次地帮助一位被击败的将军卷土重来。因此，外国干涉延长了内战，使"战斗到最后"变得不可能。但是只有国家统一，让一个强有力的领导人成为整个国家的主宰，战争才能结束。

在外国列强中，由于美国外交官对中国表现出的公正和体谅，美国赢得了尊敬。

在19世纪即将结束之际，欧洲列强侵占了中国所有沿海地区（参见"满族人和革命"一章），他们的"势力范围"成为中国领土完整的威胁。此时，美国政治家约翰·海伊（Yohn Hay）在给欧洲列强和日本的一份照会中提议，中国的民族独立应该得到国际保障，所有大国在中国都应该得到平等的权利。海伊的提议背后的原则被称为"门户开放"政策。尽管它只获得了英国的完全认可，但他的照会肯定在很大程度上有力地反对了划分势力范围的计划。

1908年，由于义和团的崛起，美国政府决定将给美国的赔偿中近1100万金元归还给中国。用这笔钱在北京西北角创办了清华学堂，旨在为中国培养赴美国高等大学留学的学生做准备。自1911年这所学校成立以来，大约有900名学生被派往美国，在中国传播对美国文化的兴趣和热爱。这意味着什么，不用多说了。

最近美国带头开始归还全额的庚子赔款，这笔款项是为了补偿1900年义和团动乱时期外国财产损失而分期支付的。美国政府已将给美国的所有赔款归还给中国。在一个委员会的指导下该款项用于发展中国的科学和文化事业，这个委员会由11名成员组成，其中8名是中国人，只有3名美国人。

英国、日本、法国和俄国等其他国家也宣布愿意放弃分期交付的赔款，这笔款项最好转用于发展中国的教育。但是这些政府表现出比美国更大的资金控制倾向。例如，英国只允许一个或最多两个中国人进入由众多英国人组成的基金会。日本人希望将拟议中的中国机构置于东京外务省指导之下，在经过长时间谈判后，同意成立一个由中日双方成员各半的基金会。

美国的行为赢得了中国人的热烈称赞，对于英国和日本处理这些问题的方法，中方表示极不信任。

由于约翰·海伊的门户开放政策使他在中国赢得了声誉，最近美国政治家在中国又一次取得大的胜利。

作为日本在第一次世界大战中给予的帮助，协约国将德国占有的山东转让给日本。尽管中国加入协约国晚，且没有直接参与战斗，但中国自愿的大批苦力，在后方给予协约国宝贵的支援。因此，中国有权利要回德国从她手中夺走的青岛地区，以及在山东的矿山和铁路。中国对《凡尔赛和约》有利于日本的决定非常不满，北洋政府代表拒绝签署和约。

在 1921 年华盛顿裁军会议上，美国帮助中国找到了更好的解决方案。日本承诺将德国在山东的前属地归还给中国。这一协议，此后也顺利得到执行。

英国在华盛顿承诺将威海卫归还给中国，尽管进行了漫长的谈判，但这一承诺尚未兑现。

当我在本章中使用"白祸"这个词语时，一定令许多读者吃惊。我使用这个词，一部分原因是 1890 年代列强对中国的掠夺性政策；另一部分原因是外国人控制下的中国"租界"管理不善，导致了"上海和五卅运动"一章描述的去年中令人遗憾的事件发生。

白人在世界上胜利行进的道路，是用侵略者杀害当地人民的累累白骨铺成的。

白人在北美建富裕而繁荣的定居点，挤走了当地土著种族。那些种族虽然文化落后，但他们在野外活跃的生活中，他们的某些才能得到了高度发展。他们至少有生存的权利。

西班牙人对美洲大陆大部分地区的征服，是白人统治地球最黑暗的一页。美洲最发达的本土文化，蒙特祖马和印加王国，都被可怕的残酷所摧毁。

印度的古老文化家园、澳大利亚非凡的石器时代世界、非洲的热带草原和雨林，更不用说极地的白色海岸，都响彻着可怕的入侵者的践踏脚步声。"有色人种"，以及大型海陆野生动物已经被大量屠杀和驱逐。摩洛哥征服战的射杀刚刚沉寂。即使是在阳光明媚的南太平洋小岛，外国人也带着邪恶的礼物而来：烈酒、梅毒和痨病。

值得注意的是，在远东，日本通过迅速而成功的转变，中国通过惊人的消极抵抗。两国都成为抵抗白人入侵的最好的"有色人种"，尽管现在内战和难以置信的混乱在中国横行，外国势力没有再考虑瓜分她的领土。可以看到，中国一开始无能为力，后来这个东方巨人正一步一步地重获独立。在上海的纷争中，外国人发现最终做出某些让步是明智的，比如在关税方面。尤其是美国，甚至废除治外法权的问题也被讨论过。

外国人越早认识到关于中国唯一可能的解决办法，就越有利于解决整个东亚的无数难题。最重要的是让中国人自行解决内部纷争。此外，在中国的外国人必须记住，他只是作为客人来的，因此必须尊重和考虑这个国家的习俗。所有大国越早、越彻底地都支持这一迄今为止仅由美国代表的开明和人道的政策，世界政治中最大、最困难的问题之一就能越快得到解决。

在我关于公平对待中国人的论点中，我绝不忽略外国驻北京大使馆要代表和要保护重要利益的事实。

外国使馆的任务之一是保护各国对华贷款的安全。首先是 1913 年 2500 万英镑的大规模重组贷款，由中国和外国联合监管以盐税作担保。近年来，"独立"的军阀们越来越多地没收了这些税收。第二个，也是更大的任务，是确定治外法权的问题。这个沉重的词语表达了外国人通过条约在中国获得的特殊地位：他们置于中国的管辖范围之外，并保证他们享有只在自己国家的领事法庭接受审判的特权。

同样的情况在日本也存在了一段时间。直到最近，在土耳其，这些"条约"被充满活力的凯末尔政府毫不客气地废除了。

毫无疑问，北洋政府"条约"也将废除。但显而易见的是，中国的司法体系存在缺陷且武断。目前缺乏稳定的政府，因此无法向外国人提供安全可靠的法律保护。随着中国司法效率的提高，治外治权将分多个阶段废除。解决这个问题需要中国方面的克制，也需要外国势力的善意。

如果我强烈谴责外国列强对待中国的某些行为和政策，我当然也知道，在过去的 50 年里，白种人极大地拓宽了中国人的精神视野，并将物质进步的强大杠杆交到了他们手中。我一个极好的中国朋友曾经对我说，西方人给中国文化最好礼物是科学的方法：系统地收集数据，并借助所有可能的比较手段进行分析的能力。在这方面，受过现代教育的中国人非常乐于承认对我们文化贡献的感谢。

但除此之外，在其他方面，中国人就很持怀疑态度。对他来说，我们许多所谓的生活准则要么是枯燥，要么更糟糕，成为他们谨慎而准确的讽刺对象。

无论如何，我们可以自豪地断言，不少在东方工作的外国人以他们的技能、廉洁、诚实和对工作的热情赢得了中国人的喜爱和尊重。即使在从事非常微妙棘手工作的外交人员中，也有许多名字被中国当地人津津乐道。

几乎所有为中国政府服务的外国人，都赢得了不收受贿赂和具有强烈责任感的声誉。他们中的许多人能力平平，其他人对他们大胆承担的任务能力不足，但许多人成为杰出人物，是我们白人的荣耀，也是他们所服务的中国人的宝贵记忆。

在中国，最重要的外国人可能是爱尔兰人，罗伯特·赫德爵士（Robert Hart，1835—1911 年）。他重组了中国的消费税制度，并使海运关税变为一种模式，成为清政府最可靠的收入来源，即使在最困难的时期也是可依赖的财政支柱。赫德的重组工作不仅限于关税。他还以惊人的效率组织创建了中国邮政，并长期担任这两个困难部门的负责人。这个不寻常的人也在科学方面有所建树。他在北京积极参与创办了一所专门学校——京师同文馆。海关出版的优秀统计出版物，是了解中国的最好来源之一，也是由这位勤奋而有远见的人主持的。

现任海关总税务司弗朗西斯·安格联（Francis Aglen）爵士不是赫德同类的人，但他代表了另一种优秀的英国品质，那就是绝对诚信和对职责不可战胜的坚守。安格联在巩固政府内部贷款和保持海关不受外界不负责任的影响方面，使他成为一个出色而明智的为中国服务的外国人的典范。

当 1913 年北洋政府的重组贷款有关的盐税在外国监管下部分重组时，这项艰巨的任务就委托给了英国人理查德·戴恩（Richard Dane）爵士，他出色地完成了他的工作。戴恩以前在英国服务，来到中国时已是老人了，他走路步履沉重，几乎一瘸一拐。但是他每天都要步行很远去他办公室所在的财政部。当他外出漫长的公差时，他的极好耐力和钟爱严格的英式狩猎运动的热情，让他的年轻下属感到惊讶。理查德爵士是一个吉普林式的人（吉普林是那些在丛林和沙漠中或在俱乐部和办公室里都能茁壮成长的英国驻印度公务员）。这位老人自然赢得了中国人的尊重，尽管在重组工作中，严厉处理了根深蒂固的经济寻租受益者。

在为中国政府工作的外国人的名单上有许多没受过多少教育的寻财者。有大量非常能干的人，他们确实为中国做出了大贡献。一部分是因为这些人能够尊重受人尊敬和爱戴的同事，一部分是因为这些人是有趣和新异的类型。让我花一点时间来谈一个人，他确实没有突出的领导职位，但却有在不利条件下完成伟大工程的能力。这个人是葛利普（Amadeus W. Grabau）教授，中国农商部地质调查所古生物学家，国立北京大学古生物学教授。

丁文江博士是地质研究所的第一任所长，他在欧美旅行期间进行了调查，目的是为中国地质调查所找到一位能干的外国古生物学家。这个选择落在哥伦比亚大学古生物学教授阿玛丢斯·葛利普身上，这位享有国际声誉的研究员，他说自己愿意离开世界上最大的大学之一的显赫教职，到北京任一个薪水不太高的编外职位。

当葛利普抵达中国时，他已经快 52 岁了，饱受风湿病之苦，这病极大地妨碍了他的身体活动。但这个饱受病痛的身体里，却活跃着一颗火热的灵魂：工作到深夜似乎是他生命的常态。工作之余，他喜欢外出散步或者与朋友在自己家里愉快地享用简单的晚餐。即使他最年轻的学生，他也显示出兴趣和关怀，对之鼓励鞭策。葛利普在北京多年的成果是，在地质学者和他的学生收集的材料的基础上，他完成了一部科学杰作，受到学生们的崇敬。当地质研究所的所长希望送葛利普的两个学生去云南执行一项对他们来说大有益处的科考任务时，这两个年轻人恳求留在北京："我们的老师病得很重，我们不知道能和他在一起多久。只要有机会，我们希望留在他手下工作"。

非常杰出的商人王宠佑博士来自于中国最优秀家庭，曾是葛利普在哥伦比亚大学时的学生。一年前，他捐了一笔钱，用黄金制作了葛利普奖章，每年颁发给中国地质研究等方面有成就的学生。那一年，第一枚奖章授予了这位以他名字命名且受人尊敬的教授葛利普本人。

总的来说，有个外国人也许应该是对中国最大的捐款施惠者。但奇怪的是，据我所知，他从未踏足过中国。我指的是美国石油大王老约翰·洛克菲勒（Yohn Davison Rockfeller）。据说他通过坚持不懈的努力积累了大量财富，他似乎在分配他财富时，也使用了同样的坚定信念。

洛克菲勒没有像许多其他百万富翁那样，随意地到处捐款，而是有计划地按照他的目标进行。他邀请了许多不同领域的杰出人士来帮助他寻找用财富最大限度地造福人类的方法。

在各种计划中，他采纳了一个医生提出的建议，创建一个世界范围的组织，使医学教学标准化。

强大的洛克菲勒基金会就是出于这一主要目的而创立的，它在不同的国家进行系统的调查，并给任何需要的地方提供帮助。

人口稠密的中国非常需要良好的医疗救助。洛克菲勒基金会在那里创建了两个密切合作的医疗机构。一个是中华医学基金会，它关注全国的医疗状况，并以其宏大的、坚持不懈的计划参与其中。另一个是北京协和医学院，中华医学基金会在那里设有总部，中国医生和护士在那里接受培训。这所学校在许多方面都很出色。它于 1921 年建成，耗资 300 万美元，并且不惜一切代价将该机构打造为一流的学校。这座巨大的建筑群占据着一座清代的亲王宫殿——豫亲王多铎府邸，它是由一位美国建筑师以所谓的中国古典风格建造的，这种古老宫殿的风格适用于两三层的现代建筑。这个大胆的实验取得了惊人的成功。面积宽阔的医院和实验室，绿色琉璃瓦屋顶，排排中国歇山顶楼房，如此祥和宁静，以至于中国人高兴地把此处当作一个路标。并且说要保留中国传统安静、杰出的建筑风格，就必须效仿这个地标建筑。

在这个美丽的科学和慈善的殿堂里，工作着美国各种医学门类的专家。医生的选择有一个严格的原则，那就是他们在此得到高薪，但不能私下以任何形式执业。助手和下属的医疗职位很大部分由中国人担任。洛克菲勒打算：一旦中国人能够充分利用这一美妙的馈赠，就将整个机构完全、无保留地移交给中国。

协和医学院实验室大门旧照

　　每年都有大批在此受过现代训练的医生从协和医学院派往中国各地。他们不仅携带着最好的医疗设备，而且还携带着协和人特有的人道精神和远见。

　　老约翰·洛克菲勒在中国的医学师资力量满足了远东的外国人的最大需求，并向四亿中国人传授知识，赢得了尊重和爱戴。

第 19 章
上海的五卅运动

美国著名地质学家和考古学家拉斐尔·庞佩利（Raphael Pumpelly）在他的自传中讲述了他 1863 年在上海的经历：

> 一艘刚刚修好的轮船载着许多在上海优秀的外国人进行了一次试航，他们和我一样被邀到吴淞江上进行一次愉快的游览。当轮船全速前进时，我们看到离我们很远的地方有一艘载满砖块的舢板船，四个中国人正艰难地划着船。他们很清楚河道有多窄，看见我们的汽轮来了，就竭尽全力避让。我们站在船上看着舢板缓慢行进。当我们的船靠近时，我想听到发动机停止的信号。但笨拙的舢板仍在河中央，苦力们竭尽全力划船，与此同时一边喊叫恳求汽轮减速。因为还有时间避免碰撞，这时汽船驾驶员问道："先生，我可以停下来吗？""不！"船长喊道，"走吧。"汽轮现在没有任何救助措施。听到这个冷血的命令，我目瞪口呆，屏气等待。撞击很快就发生了。一声喊叫，一声撞击，我们的船摇摆起来，然后顺河上行。我跑到船尾，从那里只见一个苦力一动不动地躺在水里。在甲板上的许多外国人，很少有人表达出目睹这一突发事件时应有的悲悯惊讶神情。蒸汽船长和大副平静地看向栏杆，检查船首和桨轮是否受损，他们的对话中没有提到舢板船受害者。我可以补充一点，只有少数乘客注意到发生了什么事。那是 50 年前的事了，要是现在，肇事者不可能不受到惩罚①。

庞佩里的叙述，自然不容置疑，无须多加评论。外国船长行为中表现出的傲慢和对生命的漠视，显然是建立在东印度公司鸦片走私的传统之上的。最近发生的事件表明，这一理念在中国上海最大外国居住群体中一直存续在我们这个时代。

在我开始讲述去年春天发生在上海的灾难性事件之前，我想先介绍一下 1920 年我自己在那里的一些经历。这些经历虽然微不足道，但却揭示了在上海的外国人定居点中普遍存在的对中国人的令人诧异的态度。

1920 年 1 月，我在南京一带视察长江沿岸的铁矿点。我已经开始完全投入研究自然史。我身边有两位中国收藏家，他们的辛勤为我工作的成功做出了贡献，在我

---

① 拉斐尔·庞佩利《我的回忆》1918 年，第 34~37 页。

的协调下大部分标本带回了瑞典国家博物馆。两人中一个姓陈（陈德广），是一名训练有素的标本剥制专家，曾在著名的美国收藏家罗伊·查普曼·安德鲁斯（Roy Chapman Andrews）手下工作过，根据伦伯格教授的证明，他是哺乳动物和鸟类的专家。另一个叫姚，他的名字可能与山西太原府附近的化石最丰富、最著名的产地陈家峪有关。瑞典国立博物馆化石部从那里获得了大量保存完好的化石。我提到这些细节是为了表明这两个人是真正能干的野外博物学家。

有一天，我决定去上海，此前我还没有去过，在那里我有许多事情要做。我要离开南京几天，于是对陈、姚二位助手说他们可以趁机休息一下。

然后陈来到我身边，问我，他和姚是否能和我一起去上海。"我们为瑞典博物馆收集了很多藏品"，他说，"但到目前为止，我从未见过博物馆。我知道上海有一个博物馆。如果我们可以一起去，我们将自己支付火车票和旅馆费用。"

这一令人满意的要求，证明了他们对工作的兴趣。我回答说，欢迎这两个年轻人和我一起去，而且我很乐意支付他们的旅费和生活费。然后我们出发了，却不知道两个中国人进入上海的博物馆有多么困难。

周日晚上，我们从南京乘夜班火车，于周一清晨抵达上海。上午，我去见亚瑟·斯坦利（Arthur Stanley）医生，他是外国侨民的内科医生，也是自然历史的业余爱好者，是这个非常不起眼的自然博物馆不拿薪水的馆长。

我作了自我介绍，讲述了我在中国服务的职位，以及我作为自然历史研究者的长期从事多样的活动。斯坦利医生以英国人对一个陌生人非常得体、冷静和含蓄的礼貌迎接了我。我参观博物馆没有什么障碍，相反，博物馆在工作日的上午和下午，以及周日有几个小时都对白人游客开放。作为博物馆的负责人，他甚至彬彬有礼地请我有机会对博物馆及其藏品发表我的意见。

但是当我谈到同行的两位中国收藏家时，我遇到了最大的困难，因为斯坦利博士说，博物馆只在周六下午对中国人开放。

任何了解英国人习俗的人都会完全理解这一意图。星期六下午是他们的周末，那时他们几乎不会想到去博物馆，因此上海博物馆管理层认为这是给中国人一周中的一小部分时间。在允许公众进入博物馆的特殊情况外，由于种族歧视而使中国人处于劣势，给他们的时间少到只有一个下午。这是令人愤慨的事。

我向斯坦利医生解释说，我们必须在星期三返回南京，因此我有必要在星期一或星期二带他们去博物馆。我充分描述了他们作为收藏家的非凡能力，讲述了他们去上海参观博物馆的请求，最后我再三说，我已经答应他们要满足他们的愿望。

斯坦利医生非常简短地回答："哦，安特生博士，你知道我们不能为中国人破例。"

我很生气，用流利的瑞典语回答说："很好，斯坦利医生，我要和我的两个中国朋友直接去博物馆，我想看看哪个人阻止我们进去。"

当我走到街上时，我觉得激动得可能有点过分。我和一直在斯坦利医生办公室外面等我的两个收藏家步行一小段路，走向博物馆。我非常担心斯坦利医生会打电话给博物馆，命令它关门。

这一次上帝保护了一个失去理智的纳尔克人①。当我们来到博物馆时，发生了一件非常有趣的事情。管理员是三名中国人，其中领头的是陈的老朋友。这两个中国人一起从一个美国传教士那里学会了标本制作。陈的老朋友带着特别愉快的认可表情，张开双臂，迎接陈和姚走进了博物馆。

陈站在台阶上，疑惑地看着我问道："那是我的上司，安特生博士，他也能进来，是不是？"

"当然，当然。"斯坦利医生的标本制作师说："安特生博士当然是受欢迎的。"

于是，本被排除在参观者之外的陈，却帮我进入斯坦利医生的圣殿，在那里我有了一些有趣的特别发现。后来，我写了一封信给这位优秀的博物馆馆长，在信中我提请他注意野猪不是猛兽，博物馆收藏的流星石只是棕色铁矿石，所谓的蕨类植物化石也只是树枝石的晶体②。

第二天早上，我和姚去上海市区内执行一项特殊任务。那时，我们对一种叫"龙牙"和"龙骨"的中药非常感兴趣，这是第三纪哺乳动物牙齿和骨骼的一种奇特的中国叫法，这种东西被认为可以治疗各种疾病。这些石化遗骸是在中国的一些地区通过常规采矿发现的，龙牙是中医典籍中重要的一味药物。

我们现在的任务是去一家中药批发商店调查，希望借此了解这种化石新类型或新地点。

上海最大的药房都在一条街上，他们相距很近。我们逛了一家又一家店，寻问龙骨，但是给出的回答都是同样简短而费解。听了我们的需求后，有人告诉我们，他们没有这种药。但是有些人的回答，正如我们清楚地意识到的那样，让我们充分认识到是根本不想和我们做生意。

我问姚这种无礼回答是什么意思，但他不能给我一个满意的解释。在四次失败后，我们走进一家药店，店主是一位非常严肃的老先生。见了他，我不想让自己再次失望，所以我拿出中文名片，请姚向他解释我们来自北京，我是为中国政府服务的。

---

① 纳尔克：Närke，是瑞典的一个省，安特生的家乡。
② 树枝石是一种带有树状或苔藓状标记的矿物。

老先生仔细看了看我的名片。然后，他转向几个助手，低声和他们交谈。最后，他打开一个私人房间的门，非常礼貌地叫我进来。我坐在贵宾座位上，他递上茶和香烟。然后老商人开始说话。

"非常遗憾"，他说，"这里出了点误会。我们从其他药房得到消息，说一个外国人想见龙骨。我们药商很少与外国人打交道，我们上海的中国人不喜欢外国人对待我们的方式。因此，中药界一致认为，我们应该尽可能不与外国人交往，因此，我们告诉你没有龙骨。"

"现在我知道了安先生（我的中文姓氏）来自北京，为中国政府服务，他对中国人的行为不同于在上海的外国人。

"我代表所有的药商对刚才所发生的一切表示遗憾。我们在这条街上所有的龙骨，很快就会送到这个房间。这样，安先生就可以看到它，而不必再去其他药店。"

果然，几分钟后，一篮子又一篮子的骨骼化石骨头和牙齿化石相继出现在面前，接下来我所要做的就是选择我想买的东西。

上海国际外事区，即公共租界和邻近的法国租界，组成一个独特的行政单位，在许多方面具有汉萨同盟城市现代自由贸易的特征。市政委员会由外国行政机构——工部局管理，其法律权力委托给一个综合司法机构——会审公廨，其专用警察完全由外国人控制，这个庞大的商业中心拥有自己的行政运行模式。这些措施对外国人的利益给予了完全不相称的高度关注，并将租界内的中国居民视为二等公民或仆从阶层。这样做是有益的，也是照例必有的，因此中国人在租界没有参与社区事务的权利。

中国管辖范围之外的其他外国中心，在天津、汉口和广州。然而，这些地方的问题不是国际定居点，而是外国租界，如英国租界、日本租界、意大利租界等。每一个租界都由各自的国家管理，中国人在其中没有授权的影响力。

第三种类型的外国中心，是外国使馆占据的北京地区，即公使馆区，它由外交使团等外交机构管理，有自己的警察和由各国特遣队组成的防卫力量。整个公使馆区聚集在一个防御圈里，它的南面是鞑靼墙的一部分，公使馆东面、北面和西面的围墙外面带有斜堤，它是在 1900 年义和团骚乱后建造的。

在许多方面，特别是在卫生设施方面，这些外国中心是模范社区，许多卫生改善措施，已经扩展到邻近的市区和更远的中国城镇。

就生命和财产安全而言，这些外国社区不能被认为是典范。在北京，除了公使馆区之外，警察部队完全是中国组织的，人身安全无疑比其他地方更加有保障，比如斯德哥尔摩。但上海的外国定居点是世界上最大的犯罪中心之一，在那里，聚集着中国的地痞流氓和有各种问题的外国分子，从事违法行为。因此，外国控制的警

在天津的意大利海军陆战队

察永远无法像北京警察那样快速有效地解决问题。

中国人对在华外国人的主要抱怨也许就是这些定居点、租界等，这些地方是中国法律和规章管辖不到的，也是为执政者追讨的中国政治犯提供庇护的地方。这种表面上具有理想主义吸引力的状况，已经成为对中国现代政治生活的威胁，这种制度为不知廉耻的政治冒险家带来了额外的好处，却成为真正的爱国者不能将国家事务永久地解决的大问题。

在北京，用不正当手段追逐权力和职位的政客和将军都知道，如果事情弄砸了，在第一次角逐中输掉了，他可以在使馆区找到一个避难所。在那里他会伪装起来，溜到他准备好的住处，或者到天津的这个或那个外国租界。为了说明这种情况，只需从过去几年的政治动荡中选择几个例子就足够了。

1917年张勋发动复辟政变时，黎元洪总统逃到使馆区的法国医院。1923年，黎元洪任第二任总统，在曹锟直系的压力下，黎元洪被迫飞往天津，在他最后一次试图抓住权力时，他派了一个小妾带着象征总统身份的印章进入法国医院。

1917年7月的政治闹剧几天后，张勋遭受了他的受害者黎元洪的同样命运。7月12日晚，复辟失败后，张勋安全通过政府军围堵，被一辆外国汽车拉到荷兰公使馆，他在那里躲了几个月。

1920年夏天，亲日的安福系在吴佩孚的攻击下垮台。安福系的领导人匆忙逃进日本公使馆，在那里他们受到保护，免受中国新当局的惩治。中国新当局会宣布对他们处以重刑。

这些只是从众多例子中挑选出来的几个，此以说明中国政客如何利用外国居留地的。因此，它们成为中国政治生活中的不治之症。"我可能赢得一切，如果最坏的情况发生，我只有逃到公使馆区或到天津外国租界的家中。"由此推论，政治机会主义者会肆意玩弄阴谋，导致北洋政府的政治道德标准正在逐步下降。

1900 年义和团运动的结果，迫使中国人至少从表面上尊重外国人，这种尊重主要不是由参加惩罚北京的两万士兵远征赢得的，更不是由外国士兵占领皇城杀戮平民的过激行为产生的。这件事给中国人留下的深刻印象是外国人的联合，在这个事件中，甚至日本人也与美国人和欧洲人站在了一起。

这种令人仰慕的外国列强的联合一直持续到 1914 年，也就是第一次世界大战的第一年。战争对文明的践踏和对白人事业的侵犯，标志着白人的声望在中国的崩溃。

首先是协约国对德国人的恐惧，然后是他们对复仇的卑劣欲望。当恐怖的敌人最终被粉碎时，引起了警惕的中国人的深思。停战消息传来后的第二天晚上，1918 年 11 月 12 日，在中国首都北京，对外国人声誉来说是一个黑暗的夜晚。法国士兵试图推倒克林德纪念碑，这是一位忠诚勇敢的驻华德国公使的纪念碑，他在前往清廷总理衙门的途中被中国狂热分子杀害。法国殖民士兵以掠夺公使馆区的德国商店为乐，最后放火烧了德国一家银行。这点火是一次对法国使馆也非常危险的孩子般的恶作剧。最终，美国海军陆战队赶跑了法国人并扑灭了大火。

直到 1919 年 3 月，协约国才完成了商业界所渴望的事情，也就是说，遣返一直在中国经营生意的有进取心的德国商人。在交战四年的战场变化中，这些商人一直牵挂德军的胜败。中国人也非常得体和巧妙地向最可怕的外国人，德国皇帝的臣民下手。

"三十年战争"始于皇帝钦差大臣被新教徒抛到窗外的粪堆；第一次世界大战始在萨拉热窝一名王子被谋杀。1925 年 5 月 30 日，发生在上海市南京路老闸英国巡捕房门前的大屠杀，唤醒了在华外国人渴望中国新秩序的意识。

1925 年春天，上海的日本棉纺厂发生骚乱，一名中国工人被日本工头杀害。不管起因怎样，这些行为在学生圈子里引起了强烈的抗议。而后许多参加示威的学生被英租界的警察逮捕并被关押在老闸巡捕房。

5 月 30 日，一群吵吵嚷嚷、颇具义愤的学生，还有其他一些社会各界人士，来到巡捕房，要求释放被监禁的学生。人群态度非常坚决，英国指挥官认为巡捕房遭到威胁。因此，他下令朝向大门推进的人群开枪，结果造成一些学生死亡，更多的人受伤。

中国人并不特别关心他人的生命，如果枪击事件是由中国警方在一个没有外国人的中国城市进行的，可能不会引起太多的关注。

然而，在现在这种情况下，有许多情况造成了致命的后果。首先，在随后的调查中，无法证实有任何一名学生携带了射击性武器，由此产生的印象是，这名警官使用的暴力超过了当时的要求。

总的来说，我倾向于原谅那个不幸的下级军官，他几乎没有能力判断最微妙的情况。他是按照指示行事的，至少可以预料，如果不下令手下开枪，他就不可能保住自己的位置。

在最后的分析中可以看出，这一非常可悲事件的责任不在于这个人，而在于整个体制。这里的第一个错误是租界警察对事态严重性的误判，他们缺乏必要的手段，以更温和的方式使用武力来对付情绪失控的人群。从根本上说，责任在于在上海行使行政管理的外国人，他们开着舒适的汽车往来于办公室、俱乐部和私人别墅，却没有意识到上海街头被鄙视的中国人，已经奋起反抗租界的外国人对他们的羞辱。

为了说明情况，请允许我把这一事件挪到我们瑞典的环境中。想象一下，在斯德哥尔摩，桥与桥连接的城市被外国列强占领，他们在那里建立了外国租界，在那里瑞典法律并不适用，瑞典当局不能干涉。接下来，假设传言说北斯德哥尔摩有一名瑞典工人，比如说被一名芬兰工头杀害。想象一下，瑞典学生在长西街的一次示威中被捕，在后来在北斯德哥尔摩学校的一次手无寸铁的青年学生示威中，一名德国警察下令打死打伤了许多人。难道我们沉默温顺的人民不会被激起愤怒的狂热吗？

紧接着，上海宣布举行总罢工。商店关门，食品供应断绝，公务员和护士离开了他们的高薪岗位。

上海风暴很快就波及了北京。六月初的一天，一大群学生游行到使馆区，在外交公使面前示威。使馆区进入戒备状态，围墙上站着士兵，架着机枪。如果这里再次发生枪击和流血事件，这种不幸可能会演变成一场灾难。但是双方都保持了谨慎克制，学生未进入公使馆区，危险得以避免。

然而，学生示威在日复一日地持续，尽管他们不再进入公使馆区。在我乘坐人力车往返于农商部的路上，每天都要在无数抗议的学生中间穿行，但丝毫没有感到不便。应该说，北京学生在这个动荡时期的行为十分令人钦佩。在其他地方，如汉口和九江，发生了严重的骚乱，外国人的财产受到损害。

我想记录下北京示威的一个片段，因为它突显了导致5月30日事件的上海时局。

六月的一天，北京醒来时发现到处贴满了大字报，房子的角落，电线杆上，随处可见。大字报用白纸红字印刷，大字报对角线上印着一把长枪，上面的红色大字写着"格杀勿论"。

在这一主要内容下面，是用小号字体刊登的一份上海报纸的新闻摘录。该摘录称，5月30日下令开火的警官在接受案件审问时提到了他依照的指令。指令是，枪只能作为最后手段使用。但在那种情况下，警察则要格杀勿论。

在我看来，这张海报是一种巧妙而不负责任的歪曲事实。我直接去见了一个在官方身居要职的熟人，请他给我准确的信息。令我极为惊讶的是，他说，上海租界的警方接到的指示中确实有"格杀勿论"的字眼。

5月30日以后，有很多传言和文章广泛流传，都指向俄罗斯布尔什维克煽动了学生示威游行。俄罗斯特工有可能直接或间接地助长了这种过激行动。正如我的一位中国朋友在一篇精彩的文章中写的那样，在让中国学生看到1925年5月30日在老闸巡捕房外流血死亡方面，世界上所有布尔什维克宣传都做不到这么多，但事情毫无疑问是真的。

在对5月30日事件的参与者进行了各种调查和听证之后，逐渐清楚的是，对学生的枪击是令人愤慨的一幕。对此负有最大责任的人逃离了中国，但向伤者和死者的家属提供了赔偿。

美国海军陆战队和日本步兵把守的上海公使馆区西门

在北京，一个由中外代表组成的修改关税及其他相关事宜的会议已经召开了好几个月，放弃治外法权的问题也受到了会议关注。

外国人在中国的现状应该彻底改变。我们热切希望在上海和其他城市的外国租界的管理，既要满足中国人对司法的要求，也不会危及外国人的安全。另一个当务之急是，外国控制下的诚实而有效的海关和盐税的管理不允许退化。

就我而言，在完全放弃治外权之前，中国的司法制度要能够为外国人提供必需的安全保障。我认为中国目前还做不到这一点。

第 20 章
未来展望

1925 年春天，一个温暖而宁静的晚上，我们和几个中国人坐在一个古老的中式花园里，花园隐藏在北京无数的街道和围墙里面。黄色的玫瑰花在暮色中朦胧可见，花朵盛开的夹竹桃大花罐像哨兵一样站在我们周围，紫藤的香味像丝丝微风的爱抚，在我们头顶轻轻拂过。

东道主是中国医疗改革的领导者之一，他希望让一位旅华的同胞、美国最著名的心脏专家之一，感受北京的文化思想。招待的物品非常简单，只有香烟和中国茶。我们的东道主认为，思想交流应该是主要的事情。

话题很快就进入了热门的，中国局势问题。

"告诉我"，这位尊贵的客人说，"中国内战的情况怎么样，你们谈论这么多，但我发现从上海到北京的铁路旅行既快捷又舒适，即使按照我们的标准的来看，这座宏伟的古城也是如此宁静，人们愿意一直待在这里，坐在这些花园里阴凉的树下畅想。请问这场战争在哪里？"

"中国很大！"一位中国年轻人说，"但是这个国家发生的事情被你们的报纸浓缩成几行文字，而实际上不同的战场相距数百英里。此外，军阀也不会到处同时开战。在北京有时战斗也挺激烈。"

"这场内战持续了多久？"

"九年了，如果从反对袁世凯的起义算起。或许应该说十四年了，从辛亥革命算起。"

"但在这场漫长的内部斗争中，中国怎么可能团结在一起，显然是国土完好无损的呢？"

"为什么这样，C 博士"，一个外国人突然插嘴道，"情况如此特殊，我想用你自己国家假想类比来解释。"

"假设华盛顿政府九年来在首都之外没有真正的影响力，相反，它被迫在相互竞争的将军们不断变化的思想之间做出妥协。此外，再假设一个教条的煽动者在新奥尔良建立了一个独立的政府，试图与某些外国势力接触并赢得他们的认可，同时威胁要对华盛顿进行惩罚性征讨。假设西南各州，如加利福尼亚，亚利桑那和新墨西哥，在一位反叛的将军的领导下宣布独立。想象一下，两个势力异常强大的将军几乎没有间断地互相争斗，一个在西北各州——华盛顿、俄勒冈、爱达荷和蒙大拿——另一个在五大湖和大西洋之间富饶的东北各州；这些"独立"将军同时接受金钱和军火援助，一个来自英国，另一个来自日本，而加拿大苏维埃共和国用红色宣传和特别是拿新奥尔良的煽动者的行动来刺激你们的学生。想象一下，这种情况已经持续了近十年，敌对将军的军事行动在该地区冲突不断加剧，而且越来越激烈。你将这个一个假想类比中国，你就知道这个国家的现状了。"

"这样的内战"，C博士评论道，"几个月后将动摇我们庞大的工业，削弱商业，摧毁金融，使国家陷入部分无政府状态。经过如此可怕而漫长的磨难之后，中国怎么可能不表现出微弱荒凉的迹象呢？"

王博士，一个衣冠楚楚的小个子中国博士，以独特的简洁方式讲英语，给出了想得到的解释："中国人一直是原始的农耕民族，没有什么大型制造业。他们简单的生活只局限在当地，表面上受到了内乱的影响，但影响不大。最重要的是，中国人从很早的时候就已经建立了一个意义深远的自治制度，它不仅适用于省，也适用于较小的行政单位，例如县，甚至是独立的村庄。某些省份在这些年的动乱中管理不善，长期遭受战争和盗匪之苦，现状非常可怜。但是，各地也都取得了一定的进步，特别是在高等教育方面，学生有思考国家不幸的能力，他们觉得要对国家的不幸负起责任。山西省在阎锡山的领导下，拥有几乎完全的安宁，在民众教育、根除匪患和鸦片、废除缠足和扎长辫、改善卫生、铺设道路等方面都取得了显著进展。东北三省在张作霖的管理下，农业得到改善，通信和出口得到发展。尽管张作霖与吴佩孚在开战，但东北三省仍是一个富裕繁荣的地方。"

"谢谢你，王博士，你的解释在某种程度上帮助我理解了你们的人民抵御的巨大韧性。但请告诉我，你预计这场混乱何时结束？如何结束？"

王博士回答说："我们中国人总是从典籍中汲取智慧，总是从历史中获取指导。我们的国家以前曾多次处于分裂状态，而且常常几十年后我们又再次拥有中央政府。这一次，我们相信会再一次出现整合。伟大的人民强健、勤劳。与国家的自然资源相比，国家债务很少，国家复兴的脉动可以从许多方面感受到。我们将再次建立一个统一的中央政府，所有受过教育和有思想的中国人都相信这一点。但是现在还没有人知道什么时候会实现。也许很快，也许是在我们的孩子这一代。"

"你希望政府的这种更新会通过议会制进行，还是期望其他力量来实现这项建设性的工作？"

"我们的议会制政府的尝试令人沮丧，因此没有人指望从这个角度得到任何好处，至少在我们得到一个真正有代表性的国会之前是这样。如果形势变得完全绝望，可能会出现自发的联盟、秘密社团、学生俱乐部和农民志愿军，它们将发挥自己的作用，表达公众对无私爱国改革更强烈的渴望。但我们真正的希望，也是我们真正依赖的解决方案是，我们将找到一位伟大的领导人，一位坚强的人，他可以（如果有必要的话，用大炮和刽子手的斧头等暴力手段）把中国统一起来，他是一位无畏的、有远见的政治家，他可以建设一个现代社会，同时保留我们古老文化中的宝贵遗产。"

"你认为这个国家领导人会是什么样的人？他属于任何熟悉的历史人物类型吗？这个人符合你的愿望吗？"

王博士笑了。"有人说冯玉祥将军梦想成为中国的墨索里尼，但意大利式独裁者几乎不符合我们的愿望。到目前为止，墨索里尼摆的姿势太多，实际成就太少。但是还有一个现代独裁者，我们很乐意让他成为我们的同胞。穆斯塔法·凯末尔（Mustapha Kemal）是在他麻木的国家被欧洲列强无情地蹂躏时开始奋战的。他反对腐败的苏丹王朝，在安纳托利亚的一个农村建立了外国人无法靠近的首都，他用一支新组建的军队把惊恐的希腊人扔进大海，最后在没使用枪炮的情况下迫使欧洲大国退出这片土地——穆斯塔法·凯末尔应该是我们想要的人。"小博士文雅的声音中带着坚定的语气。

"我希望"，C博士说，"你们中国人将很快出现王博士预见的那个强大的人。但在我看来，中国适应现代环境的每一步都让你们远离文学、艺术和道德方面古老而优秀的传统。我担心的是，在这一发展过程中，不仅仅是对你们，而且对整个世界文化，不可或缺的中华价值观会受到损害。"

"不，C博士"，现在是中国著名哲学家的这个笑容灿烂、双手灵活的人说道，"就那些即将消失的价值观而言，没有你们认为的那么危险。可以肯定的是，这场革命扫除了所有华丽的官服和漂亮的龙旗，龙旗现在已经被一面罕见的五色旗所取代。当龙旗和漂亮官服不再与皇权等概念联系在一起的时候，我们可能会把它们迎回。但它们肯定是另一种剪裁方式的服装，因为废弃的宫廷服装，就像我们仍然穿的衣服一样，是满族服装，袖子很窄，扣到脖子。真正的唐宋时期的中国服装领口是敞开的，前襟长袖子宽。日本和服实际上是古代中国服饰的延续。如果我们能恢复带有龙凤图案的色彩鲜艳的官服，那也不是清代的服饰，而是中国古代更古老的一种服饰。"

"总的来说，现代复兴运动与元、清之前的中国古代文化有着密切的联系。我们所喜欢复兴的是周代末期的伟大哲学思想，汉代的严厉治国之道和唐宋时期繁荣昌盛的艺术，我们将从中汲取智慧。

"外国人普遍错误地认为，当我们接受他们的工程学、自然科学和医学培训时，我们也接受了他们的生活方式、哲学思想、宗教和道德观。

"必须记住，我们和日本人有着同样的模仿倾向，日本人在"野蛮"时代从我们这里吸取了他们的最初文化，而现在他们以同样的意愿向西方学习。我们倾向于利用西方物质文明提供给我们的科学技术援助，但是我们永远不会放弃我们自己受人尊崇的文化遗产，永远不会。

"让我用一个简单的图画把整个事情说清楚。你见过我们的老式取暖炉吗？那种没有排烟管的大火盆，北京的大多数家庭仍在使用。

"那么，我们来想象一下，一个中国学者正坐在家里写一篇哲学论文。他只有一个老式的取暖炉子，满屋子是烟气。某一天，他决定安装一个美式的生铁炉子，装上排烟管。为了安装新的取暖设备，他需要停止一天工作。当他再开始写作的时候，在无烟的房间里，他满怀喜悦和活力地进行写作，但他的哲学体系几乎不受美式火炉的影响。"

C 博士笑了。他说，"你有没有任何直接的证据表明你们对民族文化有新的兴趣，不管是现代的文化还是古代的文化？"

"当然，自从我们摆脱科举考试制度以来，出现了新的手段来研究我们的民族、我们的语言和我们的历史遗迹。找个时间，我带你去参观我们大学的国学门，在那里我们正忙着整理刚刚从紫禁城获得的大量历代档案资料。

"但是我可以给你们讲一件小事，它也许比在北京的任何事情都更能说明人们对民俗学研究的广泛兴趣。我们国学门有一个科室，专门研究民歌和在田间地头哼唱的简单曲调。前几天，我们从浙江省收到了一本最新出版物，里面载有几百首流行的音乐，这本曲集代表了我们多年的整理成绩。迄今为止，我们对这些研究没有任何怀疑。"

C 博士问道："我们所希望的在中国实现的新文化复兴能给世界文化带来本质上的新贡献吗？有没有这种可能？"

英国人类学家 B 博士说："历史也是我们的向导。在古代，在东西方文化交流中，中国做出了各种有价值的贡献。芝加哥博学的汉学家贝特霍尔德·劳费尔（Berthold Laufer）在他的著作《中国伊朗编》中记载了 24 种农产品，包括桃子、杏子和茶等，这些农产品从中国传到波斯和更远的西方，以换取大量从西方引入中国的栽培植物。

"罗马帝国的美女过去穿的紧贴身体线条的轻便服装就是由中国丝绸制成的。中国人长期掌握着如何制作这些奇妙织物的秘密。拉丁作家曾讲述了一个离奇的故事，说丝绸都是从树上采集下来的。"

"年轻的美国汉学家，哥伦比亚大学的卡特（Carter）教授，密切关注造纸术和印刷术从中国传到西方的进程。因此，中国给我们欧洲人提供了技术手段，这种技术为宗教改革铺平了道路，并使人民的普遍思想启蒙成为可能。指南针的发明指引了我们到达美洲；火药的发明打破了中世纪的封建王权统治。中国人这些发明贡献了力量。"

"在我们这个时代，正是西方的机械文明又给中国的复兴提供了工具。

"也许有一天，从新的起点引导世界演变的任务将再次落在东方人身上。今天我们值得向中国人学习的是，他们在过去几千年里保持了民族文化的活力。当古埃及、克里特岛和美索不达米亚的青铜时代的文明在我们这个时代来临之前就被"野蛮人"摧毁而中断时，地球上只有中国人在四千多年的历史长河中传承了他们的文化。在世界所有的民族中，只有华夏民族不断从传统文化中汲取营养，保持了文化繁荣。"

桌子周围的人安静了一会儿，一个仆人默默地走过来为大家的茶杯续水。

外面传来街头小贩单调的叫卖声和一个人力车夫急促的脚步声。东边的长街上响起了汽车喇叭声。古老与现代混合在一起，这就是北京的特别之处。

在我们这群轻声细语、充满梦想的人们周围，沉睡着这座美不胜收的城市。它以元明清三个强大王朝的光辉记忆而受敬仰，因其宽阔简明而雄伟，因其宫殿、寺庙和花园的宁静而迷人，因其对未来的无限希望而诱人。

第 21 章
民族主义（1927 年 3 月）

过去 25 年来的政治异常即将在中国被取消，唯一的问题是这将在多大程度上以墨水或鲜血来完成。

义和团运动是在一个落伍的中国发生的，西方国家对此一无所知。这场运动导致被征服的中国和被冒犯的列强之间签订了条约。到目前为止，该条约通过控制关税，增加外国特许权，在北京的使馆区设防，以及外国军舰和国际特遣队对长江和京奉铁路部分路段的巡逻，使中国处于对这些列强的特殊依附状态。

现代民族运动反对的正是这种对外国人的依附。

这种中国民族主义不仅仅是，甚至说不主要是，反对外国"帝国主义"。它首先是一场纯粹的中国革命运动。毫无疑问，正在发生的是真正的革命。除此之外，1911—1912 年的辛亥革命只是一场小规模的前哨冲突。腐朽的满清政府被推翻了，但是取代满清政权的是一个得到自由的运转可怕的因素，这就是愚昧无知、无法无天和专横的军阀混战。

中国现在正在发生的是一种民族意识的觉醒，这种民族意识包括了广大民众，一种片面的、无情的革命，是一种自发的、强大的民众运动，这无疑将被后来的世界视为 20 世纪中最显著的一股历史力量。

回顾辛亥革命中的两位主要人物袁世凯和孙逸仙，我们感到既悲伤又奇怪。

前者是最后一个真正的大官僚，是牵线木偶的政治游戏的幕后操纵者，他玩世不恭、冷酷专横，毫无疑问他受到传统爱国思想的影响，最重要的是，他怀着使用所有新口号"革命、议会、民主"的伪装，来建立一个新王朝——"袁家王朝"。总的来说，他在 1915 年恢复帝国的努力是朝着这个方向的最后一次尝试，并有望成功。在那种情况下，他悲剧性地结束延续两千年的中华王朝。与此同时，孙逸仙以其不切实际的徒劳，试图开启一个新中国的大门，但遗憾的是我们只能隐约地知道这个新中国的政治结构。

袁世凯有一个特别的机会，可以直接从破碎的清政权的碎片上建立一个崭新的国家，由于被个人野心蒙蔽了眼睛，他错过了这个机会。在他统治的几年里，太子党、军阀、独裁者变得越来越强大。因此，当他在 1916 年夏天垮台之后，这个国家任由这些人的嫉妒和对权力的贪婪所摆布。

1916—1925 年的十年政治，将永远是中国历史上最黑暗的一页：一位失败的皇帝扶植者张勋与段祺瑞作战，很快被打败；段祺瑞又与奉天的张作霖作战；黎元洪两次站出来任总统，两次都被推翻，越来越不光彩；吴佩孚在北京城下打败了张作霖，然后却被冯玉祥从背后捅了吴佩孚一刀。冯玉祥一度是张作霖不确定的盟友，后来成了他的敌人。张作霖向上海等长江流域伸手，但很快就被孙逸仙打败了。孙像一颗冉冉升起的明星，闪耀了一段时间，但随后也殒落了。

除了中国政治史专家，没有人会对这些无休止的阴谋、背叛和争端事件感兴趣。十年来，这些阴谋、背叛和争端使一个热爱和平的民族陷入贫困之中，并摧毁了一大片欣欣向荣的地区。正是在这种无目的、优柔寡断和无望的军阀混战的背景下，民族运动应运而生，并发出"打倒军阀"的口号。学生离开课堂，到征兵站投笔从戎，河南农民也发出了同样的响亮声音，农民成立了"红枪会"，在任何能成功袭击的地方杀死每一个或多个士兵。

如果说，民族运动本质上是一种内部政治现象，它产生于使国家摆脱这场表面上无休止内战的一种努力。那么，人们自然会问，为什么这种巨大的民众冲动会对外国人产生了如此大的敌意。

在某种程度上，答案在于最小阻力定律。在每一场政治灾难中，最小阻力定律都促使大众通过攻击一些容易理解的真实或想象中的邪恶来寻求补救。所有的旧口号，如打倒帝国主义、反对不平等条约、反对不公正的治外法权等等，被组织良好的宣传所利用。在一些地方，这种宣传已经到了古老的迷信地步。这种迷信，例如，谣言说，天主教修女收集中国小孩的心脏并以高价卖给外国人作为特效药。

然而，总的来说，这种对洋人的仇视应该有更真实的原因。外国势力竭尽全力维护政治特权，如控制财政、最惠国待遇、治外法权等，他们在不同时期通过缔结条约拥有这些权利。自 1901 年以来，由于明显缺乏一致性，洋人一直试图让中国人按照西方标准行事。

以军事发展为例。19 世纪初，义和团时期，中国刚刚开始按照西方模式建设新式军队。但驻北京的国际远征军可以轻松击败中国军队，各大使馆压力减轻了。然而，义和团运动结束后仅仅几年，在列强竞相向中国传授新式战法，各国军事工业的代理人都向中国提供军舰、大炮、步枪和弹药谋取私利，这些人售卖军火中低价投标，相互勾结。而此前中国把军人的职业置于社会的最底层不太重视。

当我在第一次世界大战爆发前几个月来到北京时，这座城市挤满了各种各样的商业代理人和放高利贷的骗子。如果六国饭店的墙壁能说话的话，我们肯定会听到一些相当刺激的商业、政治内幕。

精神文化领域的发展有些相似，传教士是这里的开路先锋。而中国人对于对宗教问题向来宽容冷漠且讲求实际，来华传教似乎是一个非常难以理解的现象，在这一现象背后，中国人倾向于寻找其不可告人的目的。对传教士的攻击至少在一个案例中，在山东的德国传教士中有大范围政治背景。此外，天主教传教士经常代表他们的传教者参与中国的法律审判，因此在中国人看来，传教士并不总是有利于中国人。

在中国的洋人主要与传教活动相结合，但也有相当的独立性。他们在中国建立了许多学习机构，如小学、高中、医学院和其他特殊学校。在这些学校里，中国学生接受的通常是与基督教宣传夹杂在一起的各种西方教育。

这种或多或少无私工作的效果，在很大程度上与它的创办者所想象的大相径庭。似乎基督教、基督教培训、基督教教义太容易理解，太温和，所以不能被理智、实际的中国人充分理解。中国人惊讶地，甚至怀着几分恶意地提出问题，如果外国鬼子必须为他们的所作所为忏悔，他们会觉得自己在中国犯了什么罪？

无论如何，成千上万的中国学生在中国的外国学校里，在中国人自己办的现代教育机构里，在日本、美国和欧洲的大学里学习。大批中国青年已经透彻了解了西方社会及其文化，这种了解使现代中国比 1900 年义和团运动时期更有能力保护自己。

这些西方大国，尤其是它们在东方的外交代表，好像没有充分考虑到在中国军事、工业和文化标准上这种变化带来的实际影响。20 年来，中国充斥着战争物资、工业产品、教育和宗教机构。但从政治上说，直到过去两年前，中国人还坚持一切都应该保持原样。

正是这种无法及时察觉的政治风暴的迹象，加上西方大国缺乏建设性的开放政策，导致了政治台风到来。这场台风使经常参与日常体育、舞蹈和鸡尾酒会的洋人毫无准备。在接下来的一章中，我们将有机会更彻底地探讨事件的发展过程。

中国人和在华外国人之间地位变化的一个显著特点，是在过去几年里外国人的声望降低了。1917 年，当张勋滑稽地试图在北京恢复帝制时，北京在恐慌混乱中度过了几个星期，外国人的家成了他们中国朋友的安全避难所。我自己家里就住有中国四位女士和三位男士。此外，我还把一面瑞典国旗借给了一位住在北京城西南很远地方的中国朋友。

现在人们认为，在动乱时期，外国人最好不要亮出他们的国旗，而是跑得越快越好。

不可否认的是，不仅仅是中国的民族主义运动，而且是外国人的短视政策，应为我们在中国的地位下降负责。

对在东方的白种人优越感的第一次打击，发生在第一次世界大战期间。当时德国人及其同盟国被从白人战线中踢出。直到那时，中国人才认识到，白人战线也不是团结一致的。在中国的德国和奥地利使馆的警卫被解除武装和拘留，是发生在中国加入协约国之后的事情。但是，法国的黑人士兵在听到停战消息后的第二天晚上洗劫了北京使馆区的德国商店（因为德国商人和银行家可能损害了协约国的生意），在华的德国家庭教师和工匠也被"遣返"，这使中国人产生了许多不利于洋人声誉的印象。

另一个在相当大程度上损坏洋人声望的外来因素，是白俄逃难者，他们在一战的最后几年和随后的一段时间成千上万地涌入中国。

1923年5月和6月，我从河南经陕西到甘肃省会兰州，在这次旅行中，我亲身见到白俄的涌入，所以印象深刻。我第一次见到白俄逃亡者是在河南观音堂和陕西潼关之间一次沙尘暴发生的几天后。潼关是河南和陕西之间的边界要塞。一辆又一辆的马车，满载着满身尘土的男人和女人，他们缩成一团，从黑暗中冲出，又很快消失在一片尘土中。大多数年轻人都是淳朴的农民类型，具有俄罗斯平民的明显特征，他们可能是白俄军队的士兵，被苏联红军赶进中国领土并解除武装。但是许多年老一点的人都是贵族类型，显然曾是军官或官员。

在我一个月的旅行中，遇到了很多这样的情形，尤其是我记得有一个晚上，我们住在一个中国小村庄，在那里我看到一个俄罗斯老妇人正在挨家挨户乞讨。当我用法语和她交谈时，她转过那张轮廓分明但干瘪消瘦的脸，高兴起来，给了我一个响亮的回答，她说自己是一位著名将军的妻子，经常光顾圣彼得堡的沙龙。在我们共进简单的晚餐时，她讲述了她是如何迈着又累又肿的双脚，缓慢而无望地流浪的，她准备穿过受难之旅返回西方。

我已经注意到，涌入中国的俄罗斯人有各种各样，青年人和老年人、无产者和贵族、最具职业反差的人，无知的农民和受过高等教育的文化人。俄罗斯人具有友善的性格和乐观精神，他们做好了迎接磨难的充分准备。在这一年里，这些逃难者慢慢找到了某处定居的地点。特别是在上海和天津，白俄移民定居点很多。

在恶劣的环境下，通常近乎饥荒时，他们在大多数情况下都是社区中诚实守法的成员，声誉逐步上升，最终找到了避难场所。

但许多奇怪的命运降临在这些移民群体身上。许多快乐迷人的俄罗斯女孩被迫通过公开或秘密的方式出卖肉体谋生，而中国军阀们也很乐意将这些轻易弄到手的女孩纳为小妾。我听说一个实例：原白俄领事馆的一个雇员就以很便宜的价格把他的妻子卖给了一个有钱的中国人。我有理由认为这件事是那个女人有意的安排。

至此，我一直在谈论俄罗斯逃难者，由于他们的进取心、勤奋和坚定的勇气，他们通过诚实的劳动成功地养活了自己。在最糟糕的情况下，某些人难以保持在上下层社会之间独特的边界上，沦为乞丐或直接的罪犯，对于他们，我还有一些话要说。

去年我回到北京的第一天，我在报纸上看到许多俄罗斯流浪汉或罪犯被关进北京的中国监狱，他们给北洋政府带来了很大麻烦。几天后，我眼见一个令人震惊因绝望而犯罪的行为，对物质的迫切需求驱使许多俄罗斯移民走上犯罪道路。

一个中国珠宝商每天晚上都用一辆小型运货马车把他的贵重物品运到离六国饭店不远的一个安全存放处，第二天早上再开着马车穿过前门运送物品回到商店。一些俄罗斯冒险者发现了这一情况，就策划了一场最大胆的劫宝行动。一天早上，贵重物品刚装上马车，这时一辆汽车开了过来，上面载着三名白俄武装人员，司机也是一名俄国女孩。几声枪响震惊了平和的中国人。几个箱子和蓝色包裹被扔进汽车，然后汽车飞速向北驶去。一名在后门大街巡逻的中国警察不知何故，想到超速行驶的汽车一定是在干非法的事。他开枪迫使汽车停下，这伙强盗就被抓住了。

为了充分理解俄罗斯人逃难者对在华洋人的声誉造成的巨大伤害，有必要注意到，最近几年，除了那些不顾体面的穷人和在华的传教士，几乎所有在中国的外国人都属于富裕的上层阶级。除了少数人外，他们可以在中国人面前维护体面和诚实的形象。对我来说，我习惯了外国人在中国必须表现得像个绅士，因此，1925 年秋天我到达北京饭店时，发现大门口站着两个底层的粗鄙的俄罗斯乞丐，他们成为周围的黄包车夫顽皮调笑的对象。这些人力车夫是最具幽默感的人。

中国军阀们不仅让俄罗斯人在妇女的闺房里为他们服务，还把俄罗斯人带到他们的军营和战场。山东军务督办张宗昌有一个白俄旅，担负着最重、最危险的任务；这些人如果落入敌对势力的苏联军事顾问手中，就没有指望得到宽恕。

在东北沦陷区火车站人们随处可见身穿中国警察制服的大胡子俄罗斯人，这些可怜的白俄人别无选择，只能在中国主子手下干活，他们的工资之低会让瑞典警察都笑傻。

每个头脑清醒、公正的观察者都必须认识到，这些俄罗斯无产者以一种极其致命的方式降低了在华外国人的威望，并且必须对这种短视感到遗憾，因为这种短视让邪恶生根发芽，并发展成对在华洋人事业的真正威胁。出于显而易见的原因，苏联政府不愿意为这些白俄移民做任何事情，因为这些人正在公开反对苏联新制度。但是，其他大国有责任，通过良好的管理，以适度的代价，结束目前充斥妓院、监狱和贫民窟的不幸难民潮，就像这些国家在南美洲、澳大利亚或非洲所做的一样。

这种短视的惰性让事情变得越来越糟糕，导致中国在 1925 年为苏联的宣传提供了一个最有利的场所。

第 22 章
1926—1927 年的国民革命（1928 年 1 月）

500 多年来，瑞典人民在令人印象深刻的情况下与外国侵略者做斗争，这使人联想起中国人目前为摆脱外国人压榨而进行的斗争。

瑞典首座小镇比尔卡有为数众多的外来人口。一位有才华的观察家得出的印象用现代语来说，比尔卡不像瑞典的一个城市，而像荷兰弗里斯兰的"租界"。显而易见，外国人在比尔卡的影响非常之大，而"外来人"，这是中文对"外国人"的口头说法。在北方，就像现在在中国一样，外来人承载着新时代的知识和精神力量。首次瑞典货币的铸造是对外币版式的简单模仿，向视为异教徒的瑞典人派遣传教士，这两点与当今中国有惊人的相似之处，表现在中国有各种外资银行和中外合资银行及庞大的外国传教士网络。

如果我们去看看继承了比尔卡遗风的瑞典古城锡格蒂纳，我们会发现更多关于外国人的有力证据。我们把众多的灰色石头砌成的教堂部分地解释为这样一种迹象，那就是，这里存在着不同信仰共存的民族，就像现在在北京和上海情形一样，而这些教堂中上帝之家和堡垒相结合的独特性，使人们想起了北京的北堂（西什库教堂），它在 1900 年成功地躲过了义和团的攻击。立在锡格蒂纳教堂墓地的一块北欧古字碑文讲述了"弗里斯兰盛宴兄弟"的故事；因此，这是弗里斯兰人在瑞典行使行政权力的标志，这让人想到天津、汉口和其他中国"条约口岸"的租界。

如果维斯比城堡的修建是真的，至少在一定程度上，是为了保护外国殖民者免受哥特兰农民的侵害，这些军事设施类似我们在北京使馆区周围的城墙、护城河和斜堤。维斯比也是如此，众多的教堂废墟告诉我们，各种不同宗教团体都在城市以内的范围生活的情形。

根据马格努斯·埃里克松（Magnus Eriksson）的法令，该市半数官员和市议员必须是德国人，这种情况可以与上海市议会中外国人和中国人的比例问题相提并论。

在阿尔布雷希特三世统治时期，瑞典梅克伦堡王朝不仅被德国人践踏，还被争夺权力的瑞典酋长们掠夺和蹂躏。像博·琼森·格里普（Bo Jonsson Grip）这样的瑞典皇家议会主席堪比中国历史上最糟糕的独裁者。对这一时期，瑞典人最糟糕的表述是"法律就在长矛的尖上"，对于现代中国，这句话可以翻译成"正义由士兵的刺刀来执行"。"红枪会"在河南征税，他们一见士兵就杀，不管士兵为谁服务，在中世纪的瑞典也有类似的情况。

陆上和海上的抢劫，军阀的夺权混战，横征暴敛，持续背信弃义，是中国当前苦难的一部分。同样的阴影也笼罩在我们的中世纪欧洲历史上。瑞典作家斯文·拉格宾（Sven Lagerbing）对卡尔·克努森（Karl Knutson）时代的描述可以恰当地适用于 1916—1925 年中国历史上的军阀混战时期："贪婪、邪恶、不忠，没有对祖国的一丝热爱，在忠诚的掩饰下，将这个国家变成为可怕的野兽巢穴，在这里，美德和荣誉有时成为毫无意义的空话"。

古斯塔夫·瓦萨（Gustaf Vasa）非常依赖强大的汉萨同盟，因此他不得不赋予汉萨同盟一种特权：允许其产品免税输入瑞典。在这里，我们可以比较一下在义和团被镇压后，外国列强控制了中国海关关税，但现在这种对关税的影响力即将瓦解。

再看瑞典历史，在瑞典人和外国人争斗了 500 年之后，古斯塔夫·瓦萨在 1536 年战胜了汉萨同盟，瑞典民族主义运动取得了决定性胜利。

如果将瑞典与中国相似之处比较，只是一个没有历史学常识的人对一个迷人主题的胡乱指点，如果年轻的国民党将军蒋介石从来没有成为与古斯塔夫·瓦萨相称的王国建设者，这些比较至少可以警告我们，要谨慎合理地、有适度地判断中国正在发生的事情。

两种情况的结合似乎造就了孙逸仙的政党派系——国民党在 1926 年的崛起，成为中国内战的主导力量之一。而早先国民党只在中国南方扮演了一个次要的角色。

第二种情况似乎是，以前苏联通过"基督将军"冯玉祥向中国的红色革命提供了援助，但这位势力强大但狂热于基督且不可靠的将军没有表现出苏联所指望的中国强者的迹象。

到了 1925 年底，的确有段时间，冯玉祥和他的盟友几乎成了中国北方的主宰。张作霖部下雄心勃勃的郭松龄将军曾与冯玉祥达成秘密协议：1925 年秋天冯玉祥向天津发起进攻时，郭松龄也举起反抗奉系的大旗。天津虽经巧妙的防御，终被攻陷，也给冯玉祥造成巨大损失。但郭松龄戏剧性地进军到达东北首府奉天之前就失败了，这位对政变有兴趣的年轻叛将和他的妻子为兵败付出了生命代价。

1926 年春天，冯玉祥再次处于守势。夏天，张作霖的军队把他赶出北京以北的南口关，迫使他向西北的陕西省和甘肃省大撤退。

冯玉祥去了莫斯科，这次访问以隆重的仪式开始，却以微弱的结果结束。回国后，他不再那么笃信基督教，而是加劲反对外国势力。除此之外，收效甚微。相反，苏俄政府似乎得出结论，冯玉祥充其量只能在中国西北地区造成次要威胁，而广州的国民党则能为红色革命的胜利提供更好的前景。

我们必须注意，不要过分看重苏联政府给予广州国民政府直接或间接的帮助，他们的帮助主要是提供军事顾问和政治顾问。国民政府领导权落入来自浙江省的年轻将领蒋介石手中以后，国民党以前薄弱的军事组织进行了彻底的改组。

蒋介石将军率北伐军从中国南部沿海的广东一路进军到达长江岸边的武汉，这是一个辉煌的胜利，期间发生了许多引人注目的事件。进军的前半程，蒋介石得到了铁路方面的运输支持。在通往河南省的山路上，北伐军所有的设备都得靠苦力来搬运。这次转运是由广东人以一种相当新颖的方式组织的。

吴佩孚、张作霖等北方将领，常常临时强征大量苦力做工；苦工没有报酬，食不裹腹，直到筋疲力尽。这一做法，再加上他们的暴力和掠夺，使北方军队在他们经过的省份深遭憎恨。

广东的北伐军则执行一个完全不同的计划。运输是沿着一个车站铁路系统安排的，不同的苦力群体在车站间来回穿梭，他们吃得很好，还能定期得到报酬，所以广东军队所到之处，战争期间的军运很快就成为一个热门行业。

如果说苏俄在国民党的政治、军事顾问在军需安排和战斗指导方面有所帮助的话，那么他们最大的决定性贡献仍然是他们对国民革命军非常有效的红色宣传。国民党前进的目标省市到处都有广东的政治代言人。数以百计身着便装的宣传员游走于军队前哨，宣传孙逸仙的主张，并承诺给苦力增加工资，给农民分配土地。结果河南、江西和浙江的大部分地区都被毫不费力地占领。在反对广东人的北方军阀统治区，革命党也使用同样手段取得成功。例如，长江边非常重要的城市汉阳（那里建有巨大的军火库）及九江，只是象征性地战斗之后就被攻陷了。

1926 年 8 月广州军队攻入湖南后，于 9 月 6 日，通过上述的进军方式，攻占了汉阳。两天后，卷入了背信和不服从旋涡的郁郁寡欢的吴佩孚，被迫撤离汉口。只有长江南岸的武昌，凭借坚固的老城墙，顽强抵抗广东军的进攻，并坚持了几个星期。

吴佩孚现在被赶出长江流域，蒋介石可以转而攻打南京的直系军阀孙传芳，后者差不多完全控制了江苏、江西、安徽、浙江和福建。在江西省会南昌周边地区爆发了各种激烈的战斗，几经反复，南昌最终被国民革命军攻占；当 11 月初长江岸边的九江被广东军毫无抵抗地占领后，江西就全落入了国民革命军的手中。

国民革命军的军事活动现在转向浙江省，12 月份浙江省被部分攻占，战斗一直顺利持续，1927 年 2 月占领省会杭州。到 3 月底，上海和南京都被占领，整个华南一直到长江边都在国民党的控制之下。

国民革命军向长江流域的所有推进过程，带有明显的排外色彩。国民党有强烈谴责外国租界、法外法权等政治原则，自然从一开始就对外国产生了某种敌意，特别是反对英国，因为英国被认为是"帝国主义"最危险的代表。国民党聘用苏联顾

巨龙与洋人

问使这种对立更加强化。

长江沿岸的中国人对外国人也有一种特别的敌意，对此我们必须公正地体谅这些普通大众。在过去，长江上的航行是由本地的轮船、帆船和舢板进行的。然后，外国人把他们的巨轮开了进来，长江上的整个航行都发生了变化。宜昌以上的河段因这些变化产生的敌意尤其强烈。外国汽船以其巨大的货运能力夺走了航道，侵占了运输量，无数的帆船船会理所当然地感觉到他们的生存受到了外国入侵的威胁。

然而，更糟糕的是，外国汽船经常撞沉中国帆船，这种情况最经常发生在宜昌上游河段，那里峡谷狭窄，水流湍急，外国轮船就用有大功率发动机的特制汽船。在某些情况下，轮船为自身的安全，在急流中撞沉帆船是不可能避免的。所以另一方面，我们必须理解中国人对生命和财产损失的普遍愤慨。

正因如此，外国列强，如英国、日本和美国，用专门建造的炮艇在长江水域巡逻。中国人是一个自豪而敏感的民族，他们不愿意看到他们最好的河流被外国军舰监管。

至此，我只描述了长江航道冲突的中国一方，但是外国人也有抱怨的理由。这条大河曾经是强盗经常出没之地，在战争的早期，争斗的军阀们有时还会试图征用外国船只来运送他们的军队和战争物资。

此外，长江流域，尤其上海，是中国的主要工业区，有大量低薪劳工。很明显，这个河流区域充满了危险的冲突挑衅。早在 1926 年秋天，局势动荡使中国南方的传教士几乎无法安身，许多外国人都回国休假了。

国民党占领武汉三镇（武昌、汉阳和汉口）以后，展开了一场针对外国人的运动。罢工成了当今的潮流。工会的成立使工人工资得以提高，对雇主提出了或多或少合理的要求。外国人控制的海关、盐务和邮政部门也开始管理松懈，反对传教的宣传更加猛烈。

1927 年 1 月 4 日，在汉口，暴民攻入了英国租界。除了当地的志愿者，英国领事馆只有少数几名海员来保护租界。由于上海 1925 年 5 月 30 日的惨痛事件，英方尽一切努力避免使用火器。英国士兵面对愤怒的中国民众，采用防御的姿态站了几个小时。暴民辱骂他们，向他们扔泥巴，并试图冲破他们单薄的防守。在这关键时刻，英国海员和志愿者表现出的纪律性和自制力几乎是无与伦比的，成为冷静、明智的英国人品格的展现。

最终，局势变得十分严峻，于是当地的英国官员下令将妇女和儿童转移到停泊在长江中的英国船上。之后，防卫使馆的士兵撤了出来，英国的租界交由国民革命军军事当局保护。

英国领事撤离租界和放弃其控制权的行为引发争议。一些批评者认为，他们可以利用其所掌握的少量兵力守住租界，这次屈服使白人丢尽了脸面。其他人则认为，英国领事的行动值得称赞，是审时度事和富有远见的表现。

然而，这个事件的直接后果是，在长江其他港口也开始发生类似的过激行为，尤其是在九江，那里的外国财产遭到严重破坏。在英国国内，汉口事件激起了强烈的民众情绪，要求英政府捍卫英国在华利益。在这种舆论的压力下，一直奉行消极对华政策的英国政府，决定派遣一支英国军队到上海，来保护这个在中国的最大的外国租界。这无疑是从长远考虑的。在春季的关键几个月里，驻扎在上海的这支英国军队日益扩充使这里成为英国在华的唯一固定据点。毫无疑问，它的存在将外国人保护起来，避免了中国这个伟大的制造业城市发生更为严重的复杂情况，而且让外国人仓促撤离上海是根本不可能的。据我所知，英国的防御力量表现得非常谨慎，据说一些温和的中国人也承认，有足够多的外国军舰和军队来保护外国定居点，所有各方都很幸运。其他大国，如美国、日本、法国等也效仿英国。因此在这个春天，上海集中了相当强大的军事力量和规模庞大的国际战舰。

3月24日，国民党军队占领南京，对外国人发动了最猛烈的攻击。国民党军队中主要是对外国人深怀敌意的河南人。他们抢劫了许多外国领事馆，尤其是当时生病的日本领事，受到了最残酷的对待。外国人的教堂和私人住宅遭到洗劫。起初人们担心外国人有生命之忧，但幸运的是，除了少数情况例外，在南京的外国租界的150名成员逃过了一劫，尽管经历了难以言表的苦难，特别是妇女们。

各国驻北京公使馆对南京事件的即时反应是影响深远的。美国人下令所有美国传教士撤离国民党占领的华南地区，美国妇女和儿童被尽快从北京撤出，甚至讨论了将所有美国人撤离中国的可能性。

然而，逐渐明晰的是，南京的骚乱并不完全是针对外国人的，而是国民党左右两派之间变化无常的冲突中的一个突出表现。以温和著称的国民革命军的总司令蒋介石，在南京被攻占时，他正在从汉口到上海的途中。据说汉口的激进左翼团体担心蒋介石会与外国人达成谅解，于是决定在南京制造事端。外国人最初讨论的对南京事件进行报复未曾发生，因为列强们不能达成一致意见。因此，越来越明显的是，最好不要在这些问题上引发太多的骚动，因为蒋介石要追究那些可能制造南京骚乱的幕后主使，即国民党中左翼分子。

4月6日，在北京发生对苏联在中国发起的共产主义运动的第一次打击。一段时间以来，张作霖的司令部早就知道在苏联大使馆附近的公使馆区，正在进行共产主义宣传，并受到了司令部监控。4月6日，当控制北京的中国奉系军阀当局试探苏联外交使馆的立场时，他们对附近一些住宅进行了搜查，包括苏联武官办公室。

恶意的说法是，上了年岁的张作霖是出了名的不善于保守秘密的人，所以直到

巨龙与洋人

5 日晚上他要睡觉的时候，才知道了在他阵营里活跃的军官们的调查计划。无论如何，我的观察证明，调查的速度是极快的、动作是娴熟的。碰巧 5 日早上我去苏联领事馆取签证，但发现大使馆关门了。然而，和我一块去的中国脚夫却情绪高涨，他们建议我沿着街道往前走一段路，因为那儿"中国警察和士兵之间发生了一些有趣的事情"。的确没错，目睹公使馆区部分被一帮武装的中国人占据是一个非凡的景象。汽车来来往往，中国警察带出一小群脸色苍白的共产主义者，把他们扔进汽车，而其他车辆则装载着红旗、手枪和文件材料。这次有将近 100 人被捕，其中 75 人是中国人，其余是苏联人。后来，一些中国共产党人被处死。

北京警方宣布，这些非常重要的苏联文件完整清晰地得到保存，尽管在最后一刻有人试图将文件付之一炬。

大约在北京共产党人遭袭的同时，蒋介石将军开始了从国民党中"清党"的运动。

在北京对共产党的围捕似乎提升了张作霖及奉系的威望。5 月初北方奉系军队在河南的地位非常有利。但是，部下某些将军的背叛起了决定性的反作用。到 5 月底，张作霖被迫放弃他在河南新获得的地盘，将部队撤到黄河以北。与此同时，他在安徽的盟友也遭遇了严重的挫折，这使得南方国民革命军占据了南至徐州的津浦铁路一线。

然而几周后，张作霖再次振作，6 月 15 日在北京宣布自己为北洋政府陆海军大元帅。一个月后，蒋介石被迫从徐州南撤到长江一线。8 月 13 日，他被迫放弃了国民革命军总司令职务，先去了自己的家乡浙江，然后去了日本。蒋介石引退的原因是他领导下的国民党温和派与汉口激进派之间的冲突加剧。蒋介石的两个下属李宗仁和程潜也直接与他抗衡。

蒋介石的引退给国民党造成了巨大的声誉损失。在此之前，因 8 月 16 日一件有关飞机的小事，一直被动地在上海等待答复的英国人，向国民党军发出了最后通牒。通牒说，如果英国的要求得不到满足，英国军队就要拆毁上海至杭州的铁路。然而几天后，日本的干预下，中英达成了和解。整个事件再次演变成局部和暂时和平。

孙传芳率领的北方直系军尾随撤退的国民党军队，在浦口渡过长江，目的是夺回南京。但在 8 月的最后几天，孙传芳的部队遭到了国民革命军非常激烈的抵抗，在长江南岸损失了两万人。

盘踞太原府的"模范"省长阎锡山，多年来一直设法使他所在省份免于战乱。1927 年，他对国民党人表现出越来越多的同情。11 月底，他在两条战线上向张作霖发动进攻：一条是沿着绥远至北京铁路北侧；一条是以石家庄作为始点，沿京汉铁路，石家庄是京汉线和太原府一线的交汇处。进攻开始指挥巧妙，取得了相当大的成功，但很快就感觉到奉系部队在人数和装备上优于自己。到年底，山西军队几乎从新占领的所有地区被赶了回来。然而，张作霖面对这个新的极受山西民众欢迎的对手，并没有取得任何决定性的胜利。

1927 年秋天，继续分裂的国民党，再次把蒋介石作为把他们从混乱中解救出来的唯一可能的人选。11 月，蒋介石回到上海，国民党中的共产党人已被清除。1928 年新年伊始，他再次担任南京政府的总司令，同时他的军队重新占领了浦津铁路的南段，直到山东的边界。

1927—1928 年之交的形势是张作霖占领北京，是东北各省，以及直隶、山东之主；中国的华南地区则被代表中国南方的国民党统一；河南、陕西、甘肃被冯玉祥占领；阎锡山仍然统治着山西省；杨森和吴佩孚在四川西部。全国形成了一个更加不确定的局面。

蒋介石、冯玉祥和阎锡山差不多都明确地敌视统治北京的奉系军阀，然而，据说北京的一小部分年轻将领试图与阎锡山和蒋介石联合。而几乎所有人都避开冯玉祥，因为他的不可靠是出了名的。

1928 年肯定会看到结果，张作霖要么在中国的大部分地区有效行使他的独裁统治，要么被迫退回东北的大本营。

如果国民革命军拥有中国本土，它需要将政权移交给那个宣称代表进步的国民党，因为国民党表现出它有能力重建这个遭受了十年内战蹂躏的不幸国家。这个中国南方政党比北方军阀对改革有更深的理解和渴望，这是毫无疑问的。

1927 年夏，外国列强把他们的预防范围延伸到中国北方，在那里他们调配了5000 多兵力，主要集中在天津。除此之外，日本人不顾中国的抗议，一度将相当多的兵力派调遣到青岛和济南，借口保护在山东的大量日本人。

与此同时，伴随着中国内战的争斗和外国列强的自我保护措施，双方也有外交行动。在这些外交活动中，外国在所有重要问题上几乎都归于失败，中国则取得了胜利。

在 1925 年 5 月 30 日上海事件后，各国外交使团已经表现出比几年前难以想象的温和态度。中国政府和外国列强之间关于治外法权的谈判，也使人们更多地认识到：有必要消除中国与外部世界交往中这一不正常现象。这种反常现象现在是世界少有的，特别在土耳其人已经摆脱了列强加给的"系列条款"后。另一方面，在就治外法权问题的协议中，外国列强也提出一些非法要求。有许多关于外国军事武力在中国造成的无法无天的例子，使得列强在中国能建立完整的司法体系之前，不愿放弃驻军等权利。

尽管如此，中国政府在未经列强同意的情况下，已开始越来越多地自主处理这些军事问题。

就在去年圣诞节前夕，英国政府曾试图与中方达成协议，建议立即实施更高关税税率制度。关于提高关税，华盛顿会议时英国曾提过。英国政府备忘录还暗示，应尽快放弃治外法权，修改中国被外国强加的单边条约。

英国的这些提议无疑是开明和有深远影响的，但它们似乎晚来了几年，因此双方都没有从中获利。外国列强和媒体对这些建议的评价并非完全是赞许。广州国民政府和北京北洋政府对英国的提议，要么反对，要么漠不关心。

在广州，已经按照华盛顿会议的建议提高了进口关税，汉口也将做出了同样的安排。

北洋政府在未征得外国列强同意的情况下，仿效广东，于 1928 年 1 月 14 日宣布：从 2 月 1 日起提高进口关税税率，并将于 1929 年 1 月 1 日确立完全的海关关税自主权。

出生于英国的中国海关总税务司弗朗西斯·安格联爵士是一位品格无可指责的官员，他在稳定政府贷款方面为中国做出了很大贡献。他以未将此事提交各国列强商议为由，拒绝服从北洋政府提高关税的命令，为此他被草率地解职。

1926 年晚秋，北洋政府和比利时公使就曾以平等为基础的条约取代中国和比利时之间的现行条约交换了照会。起初，这些意见遭到比利时政府强烈反对，甚至要将争端提交国际法庭。但 1 月 17 日中比恢复了谈判，前提是新条约应建立在完全平等的基础上。这一次，比利时还做出了令人惊讶的开明姿态，比利时驻华公使宣布准备将比利时在天津的租界归还中国。这种姿态本身没有什么价值，因为比利时租界范围很小，只有 2000 名中国人居住其中，没有一个外国人。另一方面，比利时预料到了中国收回租界的愿望，因此在交还租界对华外交让步的重大问题上具有深远意义。

天津租界的前途是后来要考虑的问题。列强对中国态度的变化，表现在日本已就修改两国间的条约问题开始与北洋政府进行谈判。在 1927 年 11 月，北洋政府终止了与西班牙的条约，自 1864 年以来该条约一直有效。

总的来说，中国与外国列强的关系显然将重新调整，其方式使人想起几年前发生在土耳其的事件。民族主义运动扫除了以前看似无法逾越的障碍，外国列强爽快地接受中国提出了新要求。这表明他们终于意识到目前的动荡具有全国革命的特征，在这场革命中，尽管有内战和国家破产问题，但民族主义事业仍在胜利地向前推进。

第一次也是最后一次清楚地看到，在四分之一世纪结束之前，在华外国人生活在幸福的阳光下。外国人现在必须在前景不太乐观的情况下，在中国有缺陷的管辖庇护下生活。在未来一段时间内，在政府财政混乱的萧条时期，这种庇护可能会不太可靠。

在对上海、汉口和天津等外国人聚集区的管理，是中国政治家和外国外交官都面临的有趣而困难的问题。在过去一年里，外国列强对中国的自然愿望表示能理解。因此，中国领导人有责任为大型外国商业中心繁荣创造必要的安全保障，而这在很长一段时间内对中国的物质进步是必不可少的。

传教活动的未来是一个范围很大的问题。由于政治动荡和对外国人的敌意，中国的传教站现在基本上是空置的。因此，现在可以适当地质疑传教活动是否应该继续或在多大程度上发展或改进。许多有远见的传教士倾向于尽可能地把创建全国性的华人教会的任务交给中国基督徒，这样中国才能展现自己在与其他宗教运动竞争中的贡献。

如果外国传教士将来继续到中国传教，在我看来，传教会务必意识到那里的文化环境已发生迅捷剧烈的变化，因此这些外派中国的传教士可能需要接受更高标准的教育。在我们这个时代，大批对欧美透彻了解的中国留学生回到了自己的祖国，那些单纯、真诚但教育程度低的传教士就不再适合工作了。外国传教士应该了解中国国情，了解他所接触的中国新型官员，这应是最低要求。此外，他还应该对中国历史和文化有更多的了解和欣赏。

为此，我建议，现已撤回大量工作人员的瑞典传教会，应当增加新的培训课程，特别是文化和宗教的历史的培训。

如果许多传教士不能通过新的考试，就不适合回到中国传教。在我看来，他们应该有很好的机会在我们自己的国家传教。

许多在中国的外国人高高在上，蔑视中国的贪污腐败和对金钱的无良贪婪。这无疑是非常糟糕的，尤其是在局势动荡时期。但是，让我感到惊讶的是，即使在我们秩序井然的国家，也存在普遍的不诚实行为。报纸上也充斥着贪污的报道：银行出纳员、政府公务员和其他公共信托机构管理者拖欠挪用资金。最近国家教会的一名牧师把教堂保险柜里的钱盗用花光之后，开枪自杀。难道这是基督教谦卑的表现吗？所以，瑞典基督教会应先教育好自己国家的异教徒和"野蛮人"。

巨龙与洋人

后 记

　　现在远东正在发生的变革，也许是我们这个时代最重要的进程。要了解四亿中国人在做什么，以及他们在不久的将来会做什么，我们必须了解中国的过去和最近的发展，无论是国内还是与欧美关系的发展。为了获得这种洞察力，大概还没有一本书像安特生博士的英文版《巨龙与洋人》那样权威、清晰和公正。

　　从1914年到1925年，作者在中国地质部门工作了11年，他几乎走遍了中国所有的地方，接触到了中国的各个阶层，从国家的部长、思想领袖到简朴的乡村苦力。凭借训练有素的观察力和罕见的判断能力，作者讲述了他在中国发现的引人入胜的人文和戏剧性的故事。这些具有普遍意义和令人屏息关注的故事，对人类的未来有着重要的影响。故事的讲述充满魅力和幽默，既坦率又公正，令人赞叹不已！